AF455368

LA BALISTIQUE

DE

NICOLAS TARTAGLIA.

SAINT-CLOUD. — IMPRIMERIE DE BELIN-MANDAR.

LA BALISTIQUE

DE

NICOLAS TARTAGLIA

OU

Recueil de tout ce que cet auteur a écrit touchant le mouvement des projectiles
et les questions qui s'y rattachent,

COMPOSÉ DES DEUX PREMIERS LIVRES DE

LA SCIENCE NOUVELLE

(OUVRAGE PUBLIÉ POUR LA PREMIÈRE FOIS EN 1537)

ET DES TROIS PREMIERS LIVRES DES

RECHERCHES ET INVENTIONS NOUVELLES

(OUVRAGE PUBLIÉ POUR LA PREMIÈRE FOIS EN 1546);

TRADUIT DE L'ITALIEN, AVEC QUELQUES ANNOTATIONS,

PAR RIEFFEL,

Professeur à l'école d'artillerie de Vincennes.

(Avec Planches.)

PARIS,

J. CORRÉARD, ÉDITEUR D'OUVRAGES MILITAIRES,
RUE DE L'EST, 9.

1846.

RECHERCHES ET INVENTIONS DIVERSES

RELATIVES A

L'ARTILLERIE,

PAR

NICOLAS TARTAGLIA.

OUVRAGE PUBLIÉ POUR LA PREMIÈRE FOIS EN 1546.

LIVRE SECOND,

Concernant les différences qui ont lieu dans les portées et les effets du tir, selon que l'on y emploie des boulets de plomb, de fer ou de pierre, et diverses autres questions relatives à la proportion, au poids et au diamètre de ces boulets.

QUESTION PREMIÈRE

Faite par le signor Gabriel Tadino, chevalier de Rhodes, et prieur de Barletta.

LE PRIEUR. Puisque nous n'avons plus rien à dire pour le moment sur les diverses espèces de tir non plus que sur ce qui concerne les bouches à feu, pour ne pas rester oisifs

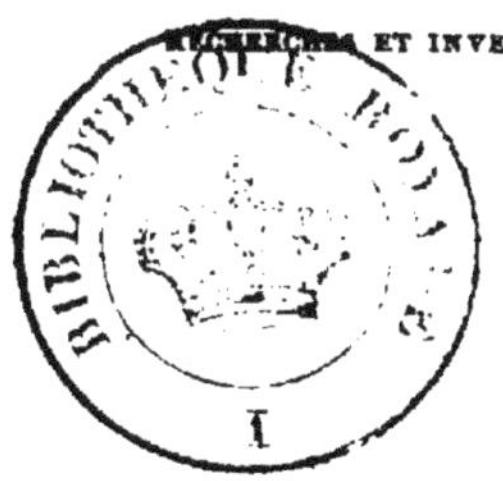

après notre leçon d'Euclide, je désire que nous causions un peu des diverses espèces de boulets, et de leurs propriétés particulières. Et pour commencer, dites-moi lequel vous croyez qui portera le plus loin, d'un boulet de plomb ou d'un boulet de fer, tirés l'un et l'autre avec une même pièce, sous la même élévation, et avec une égale quantité de poudre.

TARTAGLIA. J'ai besoin que vous me disiez la quantité de la poudre.

LE PRIEUR. Supposons qu'il s'agisse d'une charge égale aux deux tiers du poids du boulet de plomb.

TARTAGLIA. Dans ce cas, il n'y a pas de doute que le boulet de fer ira plus loin.

LE PRIEUR. De combien plus loin ?

TARTAGLIA. Dans le tir horizontal sa portée sera d'environ un tiers plus grande (1); mais sous l'élévation du premier point du quart de cercle (7° et demi), elle sera

---

(1) Tartaglia ne donnant pas la raison qui lui fait adopter cette évaluation, nous ferons remarquer qu'il paraît avoir été guidé uniquement par le rapport admis de son temps entre la densité du plomb et celle du fer; on disait en effet alors que la densité du plomb surpassait celle du fer d'environ un tiers. On serait tenté d'après cela de penser que Tartaglia, qui connaissait très-bien (ainsi qu'on le verra plus loin) l'influence de la densité des projectiles pour atténuer les effets de la résistance qu'ils éprouvent dans l'air, supposait que, dans le tir horizontal dont la portée n'est jamais très-étendue, l'on pouvait négliger la différence des effets de cette résistance. C'est ce que l'on n'admettrait pas aujourd'hui, à cause de la grande vitesse dont sont animés les projectiles dans cette partie de leur trajectoire. Mais Tartaglia croyait à une influence de la vitesse tout opposée à celle que l'on admet aujourd'hui, comme on le verra plus loin. (*Note du traducteur.*)

d'un peu moins d'un tiers en sus; et plus l'élévation du tir ira en augmentant, plus l'excès de portée ira en diminuant, si bien qu'en tirant au 5ᵉ ou 6ᵉ point (de 37° et demi à 45°), l'excès de la portée du boulet de fer sur celle du boulet de plomb sera seulement d'un peu plus que d'un cinquième. Afin que Votre Seigneurie me comprenne mieux, admettons, pour fixer les idées, que le boulet de plomb, tiré horizontalement, ait une portée de 300 pas; je dis que le boulet de fer tiré avec la même quantité de poudre avec laquelle on avait tiré le boulet de plomb (c'est-à-dire avec les deux tiers du poids du boulet de plomb) sera porté jusqu'à environ 400 pas, ou à une distance environ sesquitierce de la précédente. Mais si le boulet de plomb, tiré sous l'élévation du cinquième ou du sixième point, allait par exemple jusqu'à 3,000 pas, je dis que le boulet de fer tiré sous la même élévation, avec la même charge de poudre, irait jusqu'à un peu plus de 3,600 pas, c'est-à-dire jusqu'à une distance un peu plus grande que le sesquicinquième de la précédente.

LE PRIEUR. Quelle est la raison de la différence que vous indiquez dans la proportion de l'augmentation de portée entre le tir élevé et le tir horizontal?

TARTAGLIA. La raison en est que l'air oppose proportionnellement plus de résistance aux corps à mesure qu'ils sont moins denses (*men grave*) (1), et en outre à mesure que la

---

(1) Tartaglia dit *moins pesant* (*men grave*), mais, et bien qu'il ne l'exprime pas, il est clair qu'il sous-entendait *à volume égal*. Ainsi qu'on l'a déjà remarqué dans une note de la 15ᵉ question du livre Iᵉʳ, le langage de la physique n'était pas encore de son temps aussi précis qu'il l'est devenu depuis. (*Note du traducteur.*)

vitesse dont ils sont animés est moindre (*tanto più quanto più la* (la résistance) *ritrova quello* (le corps) *men veloce over più lento e lasso*) (1). Or, comme dans le tir sous les petites élévations, le corps ne traverse l'air que pendant qu'il est animé de sa plus grande vitesse, parce qu'il ne tarde pas à être arrêté par la terre, il s'ensuit que la résistance de l'air ne se multiplie pas autant qu'elle le fait dans le tir élevé, dans lequel il reste beaucoup plus longtemps dans l'espace, et notamment dans la partie de son trajet où il a perdu la plus grande partie de sa vitesse ; temps pendant lequel (ainsi que je l'ai dit plus haut), l'air a proportionnellement plus de puissance, plus d'empire sur lui que dans le tir près de l'horizon. Telles sont les raisons pour lesquelles les portées des boulets de fer n'excèdent pas autant (proportion gardée) celles des boulets de plomb dans le tir élevé que dans le tir bas.

---

(1) Ici Tartaglia est dans une erreur complète, faute probablement d'avoir suffisamment réfléchi à la question, et surtout pour n'avoir pas consulté l'expérience. Sous ce dernier rapport nous n'avons pas lieu de nous étonner; car déjà nous avons eu occasion de remarquer que Tartaglia n'était nullement observateur des choses extérieures, et encore moins expérimentateur; il tirait toutes ses idées de son propre fonds. Quand il errait dans ses hypothèses, il errait naturellement dans les conséquences qu'il en tirait par une suite de déductions rigoureuses. Nous disons qu'il n'avait pas beaucoup réfléchi à la question de l'influence de la vitesse. Car après les idées saines qu'il avait prises de l'influence de la densité, il semble que pour peu qu'il eût réfléchi au rôle de la vitesse du mobile dans l'acte de la résistance de l'air, il eût été théoriquement amené à une conséquence inverse de celle à laquelle il s'est arrêté. (*Note du traducteur.*)

LE PRIEUR. J'ai très-bien compris ce que vous venez de m'expliquer.

QUESTION SECONDE

Faite par le même signor, prieur de Barletta.

LE PRIEUR. Dites-moi maintenant lequel vous croyez qui ira le plus loin des deux boulets de plomb ou de fer, tirés avec une même pièce, sous une même élévation, mais chacun d'eux ayant sa charge propre, c'est-à-dire une charge égale aux deux tiers de son propre poids ?

TARTAGLIA. Dans le tir horizontal, ou peu élevé, il n'y aura pas une grande différence; mais dans le tir élevé, par exemple, à partir du troisième point jusqu'au sixième, le boulet de plomb ira beaucoup plus loin que le boulet de fer, et cela par des raisons tout à fait analogues à celles que nous avons exposées dans la question précédente.

LE PRIEUR. J'avais l'intention de vous demander lequel des deux boulets, de plomb ou de fer, irait le plus loin, en les tirant tous deux à la charge des deux tiers du poids du boulet de fer.

TARTAGLIA. La réponse à ce cas est la même que celle du cas que nous venons d'examiner.

QUESTION TROISIÈME

Faite par le même signor, prieur de Barletta.

LE PRIEUR. Lequel maintenant croyez-vous qui irait le plus loin, d'un boulet de fer ou d'un boulet de pierre, tirés tous deux dans une même pièce, sous une même élévation, et avec une égale quantité de poudre, que je supposerai, pour fixer les idées, égale aux deux tiers du poids du boulet de fer ?

TARTAGLIA. Nul doute, si nous prenons la raison pour guide, que, dans le tir peu élevé, et dans le plus grand nombre des cas du tir élevé, la portée du boulet de pierre ne soit supérieure à celle du boulet de fer.

LE PRIEUR. Et de combien ?

TARTAGLIA. Dans le tir peu élevé, par exemple, depuis la position d'égalité (1) jusqu'à celle qui répond à l'élévation du premier point, le boulet de pierre aura plus de portée que celui de fer dans le rapport d'environ 4 à 1, et plutôt plus que moins ; mais ensuite dans le tir plus élevé, l'accroissement de portée du boulet de pierre ne sera plus aussi considérable, et il le sera de moins en moins à mesure que le tir sera plus élevé, jusqu'à la limite du quatrième point environ, où la différence sera réduite à fort peu de chose ; en sorte que vers cette inclinaison les deux espèces de boulet auront à peu près la même portée. Au delà, c'est-à-dire au cinquième et au sixième point, le boulet de fer ira un peu plus loin que celui de pierre. Toutes ces différences sont encore ici la conséquence des mêmes principes qui nous ont guidés dans la première question.

LE PRIEUR. Il faut convenir que ce sont là de belles considérations.

---

(1) Expression que Tartaglia emploie quelquefois pour indiquer le cas où l'âme est horizontale. Voir la question 2e du livre Ier. (*Note du traducteur.*)

QUESTION QUATRIÈME

Faite par le même signor, prieur de Barletta.

LE PRIEUR. Il s'agit maintenant de savoir lequel des deux boulets, de fer ou de pierre, ira le plus loin en les tirant tous deux d'une même pièce et sous la même élévation, mais en employant avec chacun sa charge ordinaire de poudre, c'est-à-dire pour le boulet de fer celle des deux tiers du poids de ce boulet, et pour celui de pierre le tiers seulement de ce que pèse ce boulet de pierre.

TARTAGLIA. La réponse à cette question n'est pas très-facile, parce que les proportions des charges de poudre aux poids des boulets respectifs ne sont pas les mêmes. Néanmoins je conclus en disant que le boulet de fer ira plus loin que celui de pierre sous toutes les élévations, et avec cette remarque que, plus l'élévation du tir sera grande, plus l'excès de portée du boulet de fer sur celle du boulet de pierre sera considérable, proportion gardée ; et réciproquement, que plus la pièce dans le tir se rapprochera de la position d'égalité, moins la différence des deux portées aura d'importance.

LE PRIEUR. Je comprends d'après cela que ceux qui, les premiers, ont fixé la charge destinée à chasser les boulets de pierre au tiers seulement du poids de ce boulet, l'auraient fait peut-être parce que l'expérience leur avait appris ce que vous venez de dire, savoir qu'alors la portée était égale à celle des boulets de fer.

QUESTION CINQUIÈME

Faite par le même signor, prieur de Barletta.

LE PRIEUR. Quel est à votre avis celui des deux boulets de plomb ou de fer qui fera un plus grand effet, ou s'enfoncera à une plus grande profondeur, étant tirés l'un et l'autre avec une même pièce, sous une même élévation, et d'abord avec une même quantité de poudre que je supposerai égale aux deux tiers du poids du boulet de plomb, puis ensuite chacun d'eux avec sa charge ordinaire ?

TARTAGLIA. Dans la *première question* (du présent livre) nous avons conclu que le boulet de fer irait plus loin que celui de plomb sous toutes les élévations, l'un et l'autre étant tirés avec la même charge égale de poudre dont il s'agit ici. Si donc la distance de l'objet à battre était telle que le boulet de plomb ne pût pas y arriver, mais que celui de fer l'atteignît, la conclusion à en tirer se présente d'une manière tellement évidente à l'esprit, que je n'ai pas même besoin de l'énoncer. Mais si l'objet à battre était à une distance telle que l'un et l'autre boulet pût y arriver, et que sa dureté ne fut pas assez considérable pour que le boulet de plomb fût susceptible de s'y aplatir ou déformer (*smaccare*), nul doute alors que le boulet de plomb ne produisît un plus grand effet ou un plus grand enfoncement (*passata*) que le boulet de fer, en raison de sa plus grande masse (*gravità*), parce que la masse influe beaucoup plus que la vitesse (ainsi qu'on l'a déjà dit aussi dans la seizième question du premier livre). Que si l'objet sur lequel on tire était au contraire assez dur pour que le boulet de plomb dût s'y déformer (*smaccare*), il pourrait bien arriver que le boulet de fer s'y enfonçât un peu plus avant que le boulet de plomb; mais celui-ci néanmoins y produirait par son choc un plus grand ébranlement en raison de sa plus grande masse. Ce que l'on vient de dire dans le cas où les deux boulets de plomb et de fer seraient tirés avec une égale quantité de poudre se vérifierait, à plus forte raison, en les tirant chacun avec sa charge ordinaire des deux tiers de son propre poids. Ainsi alors, s'il s'agit d'objets non assez durs pour déformer (*smaccare*) le boulet de plomb, ce boulet de plomb donnera lieu, comparativement au boulet de fer, à un beaucoup plus grand effet, ou à une beaucoup plus grande pénétration que lorsque les deux boulets étaient tirés à charges égales. Et s'il s'agit d'objets durs contre lesquels le boulet de plomb s'aplatisse, bien qu'il puisse arriver alors que le boulet de fer pénètre à une plus grande profondeur, néanmoins le coup du boulet de plomb n'en sera pas moins beaucoup plus violent sous le rapport de l'ébranlement produit.

LE PRIEUR. Vos raisonnements m'ont persuadé (1).

---

(1) La discussion de Tartaglia dans cette 5e question et dans la 6e se ressent surtout de l'état peu avancé de la mécanique rationnelle à son époque; on n'avait encore alors que des notions beaucoup trop vagues de l'influence de la masse et de la vitesse sur les effets de la percussion, pour que l'on pût y appliquer le calcul même d'une manière imparfaite, comme le fait Tartaglia dans la question des portées des boulets de diverses matières. On voit de plus qu'ici encore il attribue à la masse une influence prépondérante comparativement à la vitesse, non-seulement dans l'évaluation de l'ébranlement produit par le choc, mais aussi dans celle de la profondeur de pénétration, tandis que, dans la théorie actuelle, l'effet produit est proportionnel à la première puissance seulement de la masse, et à la seconde puissance de la vitesse. (*Note du traducteur.*)

QUESTION SIXIÈME

Faite par le même signor, prieur de Barletta.

LE PRIEUR. Je vous demanderai maintenant de me dire lequel vous croyez qui fera un plus grand effet ou produira un plus grand enfoncement, d'un boulet de fer ou d'un boulet de pierre, tirés l'un et l'autre à la même distance, avec la même pièce, sous une même élévation, et d'abord avec une même quantité de poudre égale aux deux tiers du poids du boulet de fer, puis avec chacun sa charge ordinaire.

TARTAGLIA. Dans cette question il n'y a aucun doute que c'est le boulet de fer qui aura le plus grand effet ou produira le plus grand enfoncement, et cela quelle que soit la matière de l'objet frappé, à moins seulement que cet objet ne soit tellement éloigné de la pièce que le boulet de fer ne puisse y arriver tandis que celui de pierre y arriverait encore, ainsi qu'on l'a fait observer à l'égard des boulets de fer et de plomb dans la question précédente. Si donc le boulet de fer produit plus d'effet ou s'enfonce plus avant que le boulet de pierre, en les tirant tous les deux avec une égale quantité de poudre, à plus forte raison en sera-t-il de même lorsqu'on viendra à tirer chacun d'eux avec sa charge ordinaire, consistant, pour le boulet de fer, dans les deux tiers de son poids de poudre, et, pour le boulet de pierre, en un tiers seulement du poids de poudre que pèse ce boulet de pierre.

LE PRIEUR. J'ai toujours pensé qu'il en était ainsi que vous le dites et le précisez.

QUESTION SEPTIÈME

Faite par le même signor, prieur de Barletta.

LE PRIEUR. Etant à Rhodes dans le temps que les Turcs en faisaient le siége (1), et étant allé un jour avec un grand nombre de pionniers dans une partie de l'île pour y faire des réparations, il arriva que les Turcs nous tirèrent des boulets. Le premier qui nous vint s'annonça de si loin par son sifflement (*con el suo ciffolare*) que chacun de nous put aisément s'esquiver en lui laissant le champ libre, ce que nous fîmes, mais en revenant aussitôt après reprendre nos travaux avec d'autant plus de confiance que l'on avait la conviction d'être averti à temps par le sifflement des boulets, si les Turcs nous en envoyaient encore. Or il arriva qu'ils nous en lancèrent un second qui fit si peu de bruit à son approche, que personne ne l'entendit que quand il fut tout près de nous, c'est-à-dire au moment de produire son effet ; aussi tua-t-il quatre de nos pionniers. Je vous prie de m'expliquer la cause pour laquelle ce second boulet fit si peu de bruit, et qu'il en fut de même d'un grand nombre d'autres que l'on nous tira encore après ?

TARTAGLIA. La cause de cet effet est celle qui a été indiquée dans la quatrième question du Ier livre. Au premier coup de la pièce, le boulet trouvant l'air calme en éprouva plus de résistance dans son mouvement que si cet air eût été d'abord ébranlé, et c'est cette résistance qui est la cause du grand sifflement qu'il produisit, ce sifflement n'étant

---

(1) Par conséquent en 1523 (*Note du traducteur*).

autre chose que l'effet de la difficulté qu'éprouve le boulet à pénétrer dans l'air en repos. Mais au second coup, trouvant l'air non-seulement tout en mouvement, désuni, ébranlé (*commosso, rotto, conquassato*), par le passage du premier boulet, mais encore à l'état de courant dirigé vers le but et favorisant ainsi le mouvement dans le coup suivant, il arriva que le second boulet, ne rencontrant plus sur son trajet le même obstacle au mouvement qu'avait rencontré le premier, n'a pas produit autant de sifflement que celui-ci. Le même raisonnement sert à expliquer qu'il dût en être de même, à plus forte raison, aux coups qui furent tirés après le second.

LE PRIEUR. Je suis satisfait de votre démonstration (1).

---

(1) Tout le raisonnement de Tartaglia dans l'examen de cette 7e question repose sur l'hypothèse (et nous pouvons hardiment aujourd'hui dire l'erreur) de croire que l'air traversé par un projectile peut en être modifié d'une manière permanente et déterminée, capable, longtemps après que la cause a cessé d'agir, d'influer d'une manière également déterminée, sur l'intensité de la résistance, et par suite sur celle de son produit, dans les coups suivants. Que l'on dise (comme on le ferait aujourd'hui), que la commotion produite par la détonnation de la poudre et par le passage rapide du boulet peut produire un ébranlement capable de modifier la disposition des nuées basses, de dissiper les vésicules aqueuses suspendues dans l'air, soit en les précipitant à l'état d'eau liquide, soit en les réduisant en vapeur par l'effet d'un dégagement de chaleur, ou même seulement en rompant l'inertie qui, malgré la température convenable, les maintenait peut-être à l'état vésiculaire ; que l'on ajoute que de telles modifications peuvent en amener dans la nature du son produit et notamment dans les échos qui le prolongent, ce serait une hypothèse sans doute, dans l'état actuel de la science, mais au moins ce serait une

QUESTION HUITIÈME

Faite par le magnifique M. Bernardo Sagreo.

LE MAG. BERNARDO. Lequel croyez-vous qui irait le plus loin d'un boulet lourd ou d'un boulet léger, tirés l'un et l'autre avec une même pièce, sous la même élévation, et avec une même quantité de poudre?

TARTAGLIA. On ne saurait répondre à cette question d'une manière déterminée, sans préciser la différence des densités (*gravità*), ainsi que la quantité de la poudre. Car l'effet d'une force sur un corps peut être rendu insensible, soit par le poids considérable de ce corps, soit par sa grande légèreté. La légèreté, par exemple, peut être telle, que le corps projeté s'arrêtera tout près de la bouche de la pièce, et de même le poids peut être tellement considérable par rapport à la quantité de poudre employée, qu'il en résulterait un effet analogue. Il est donc nécessaire de distinguer la différence des poids des boulets ainsi que la matière dont chacun d'eux est composé, et aussi la quantité de la poudre employée. Si l'un des boulets, par exemple, était de plomb,

---

hypothèse admissible, tandis que l'on ne saurait admettre une modification permanente aussi précise et déterminée que celle que suppose Tartaglia dans un fluide élastique aussi étendu, aussi impressionnable aux moindres mouvements que l'est l'air atmosphérique. Nous ne nous arrêterons pas à indiquer d'autres causes qui peuvent modifier le sifflement des projectiles, et qui dépendent des circonstances particulières du tir, telles que l'état du projectile, sa vitesse, etc. (Voir la note à la fin de la question 4 du livre 1er). (*Note du traducteur.*)

et l'autre de fer ou de pierre, en les tirant tous trois avec une charge egale aux deux tiers du poids du boulet de plomb, il serait clair, par les raisons énoncées dans la première et la troisième question, que le boulet de fer, ou celui de pierre iraient plus loin que celui de plomb. Mais si l'un des deux boulets était de plomb ou de fer, et que l'autre fût d'un bois léger, tel que le liége que l'on met aux sandales des dames (*over di quel suore che si mette nellè subri over zocoli delle donne*), il est à croire que le boulet lourd, c'est-à-dire celui de plomb ou de fer (tiré avec sa charge ordinaire de poudre) irait beaucoup plus loin que le boulet léger, c'est-à-dire celui de bois léger ou de liége, tiré avec la même quantité de poudre. Enfin, considérant le cas tout à fait opposé où l'on voudrait tirer un boulet de plomb du poids de 100 livres dans un canon de 100, ainsi qu'un boulet de bois du même diamètre que celui de plomb, et les tirer tous deux avec une même quantité de poudre très-faible, telle que une ou deux livres seulement, il serait très-probable que, dans ce cas, le boulet de bois irait plus loin que celui de plomb. Ces réflexions nous font voir qu'il doit exister une certaine relation entre le poids du mobile (*la cosa tirata*) et l'intensité de la force de projection (*la virtù della cosa movente*).

M. BERNARDO. Votre explication ne me déplaît nullement, et je vous dirai qu'il m'est arrivé une fois de vouloir éclaircir ce doute. Pour cela, j'avais fait faire un boulet creux de bronze (*di metallo*), et je l'ai fait tirer ; sa portée a été beaucoup moindre que celle d'un boulet de fer ordinaire.

QUESTION NEUVIÈME

Faite par le magnifique signor Jule Savorgnano.

SIG. JULE. Il y a un boulet qui pèse 8 livres et qui a de

diamètre 4 pouces (*onze*); je vous demande combien pèserait un autre boulet qui aurait 6 pouces de diamètre?

TARTAGLIA. Il pèserait 27 livres.

SIG. JULE. Comment est-il possible qu'un boulet de 6 pouces, ou un demi-pied de diamètre, ne pèse pas plus de 27 livres? Pour ma part, je crois qu'il doit en peser plus de 60.

TARTAGLIA. Il est certain en effet que si le boulet était de fer, ayant 6 pouces ou un demi-pied de diamètre, son poids serait d'environ 60 livres (1).

SIG. JULE. Pourquoi donc dites-vous qu'il n'en pèserait que 27?

TARTAGLIA. Je dis qu'il pèsera 27 livres si celui de 4 pouces de diamètre ne pèse que 8 livres. Mais si le boulet de 4 pouces était de fer, son poids serait de 18 livres ou environ, et non de 8. J'ai donc répondu conformément à votre question.

SIG. JULE. Et comment avez-vous trouvé le poids de 27 livres?

TARTAGLIA. Pour le trouver, j'ai cubé le nombre 4 (diamètre en pouces du premier boulet), ce qui m'a donné 64; j'ai cubé aussi le nombre 6 (diamètre en pouces du deuxième boulet), ce qui m'a donné 216; puis, par la règle de trois, j'ai dit: si 64 pèse 8 livres, que pèsera 216? J'ai multiplié et di-

---

(1) Tartaglia ne disant pas de quelles espèces de pouces et de livres il parle, on n'a pu traduire ses indications numériques en poids et mesures métriques. Nous ferons cependant remarquer combien ces pouces et livres différaient des anciennes mesures françaises de même dénomination, en observant que le poids absolu d'un boulet de fer coulé de 162 mill. (6 pouces de roi) de diamètre pèse un peu plus de 17k,5 ou, à très-peu près, 36 livres (poids de marc). (*Note du traducteur.*)

visé à la manière ordinaire de cette règle, et j'ai obtenu 27; d'où j'ai conclu que le second boulet pèserait 27 livres, en supposant que le premier pesait seulement 8 livres.

SIG. JULE. Je vous ai très-bien compris.

QUESTION DIXIÈME

Faite par M. Zuan Antonio de Rusconi, peintre et architecte.

ZUAN ANTONIO. Il y a un boulet dont le diamètre est de 5 doigts (*deda*), je demande comment je dois m'y prendre pour trouver le diamètre d'un autre boulet qui serait le double du premier ?

TARTAGLIA. Vous devez cuber le nombre qui exprime en doigts le diamètre de votre boulet; cela vous donnera 125; vous doublerez ensuite ce dernier nombre, ce qui vous donnera 250, et la racine cubique du nouveau nombre obtenu ou de 250, sera le diamètre du second boulet double du premier. En prenant cette racine cubique suivant la méthode que je vous ai enseignée, vous trouverez qu'elle est d'un peu plus que 6 doigts, ou plus exactement, qu'elle est de 6 doigts avec une fraction de doigt due à un reste égal à 34.

ZUAN ANTONIO. Comment dois-je m'y prendre pour former avec ce reste 34 la fraction qui doit accompagner le nombre de 6 doigts.

TARTAGLIA. Jusqu'à présent je n'ai trouvé aucun auteur, ayant traité cette matière, qui ait indiqué la bonne règle à suivre pour former la fraction qui doit accompagner la racine cubique d'un nombre qui n'est point un cube parfait. Je n'en ai trouvé aucun qui ait bien compris la chose; et cela provient (si je ne me trompe) de ce que la plupart ignorent la vraie marche à suivre dans l'extraction de ladite racine cubique. Je ne veux pas dire par là qu'ils ne savent pas la trouver, ou même que les règles qu'ils donnent pour effectuer cette opération ne conduisent pas au résultat cherché; mais je veux dire qu'ils ne procèdent pas dans ces règles suivant la loi directe et véritable (*per la vera e retta via*) qu'il convient de suivre, parce que s'ils suivaient la loi directe de l'extraction de ladite racine cubique, et comprenaient les raisons sur lesquelles l'opération est fondée, il leur serait facile aussi d'assigner rationnellement la véritable marche à suivre pour former la fraction au moyen du résidu fourni par l'opération.

ZUAN ANTONIO. Est-ce que la vraie méthode pour l'extraction de la racine cubique n'est pas celle que vous m'avez montrée?

TARTAGLIA. C'est celle-là même.

ZUAN ANTONIO. Puisque vous m'avez indiqué cette règle, vous m'enseignerez bien encore la manière de former directement ladite fraction.

TARTAGLIA. Pour le moment vous prendrez patience, mais je vous promets que sous peu de temps je vous l'expliquerai avec quelques autres choses, à vous et aux autres.

ZUAN ANTONIO. Ne pouvant l'empêcher, je prendrai patience jusqu'à ce moment.

QUESTION ONZIÈME

Faite par le même M. Zuan Antonio de Rusconi.

ZUAN ANTONIO. Quelle est donc la règle ou la marche que suit Vitruve pour déterminer la proportion des pierres à placer à la bouche de la baliste?

TARTAGLIA. Je me rappelle à présent que ce que je vous ai dit en réponse à votre question précédente, est précisément ce que dit Vitruve au chapitre 17 de son dixième livre, endroit où il conclut que si la pierre destinée à être lancée par la baliste doit être de deux poids, c'est-à-dire de deux livres, l'orifice (*forame*) de son chapiteau (*capitello*) aura cinq doigts (*digiti over dedi*) ; et que si cette pierre était de quatre livres, ce même orifice aurait six doigts, détermination tout à fait semblable à la nôtre de la question précédente, en ne considérant que la partie entière du diamètre; car le résidu 34 que l'on obtient à la suite de la détermination du nombre entier 6 nous donne sensiblement plus d'un quart de doigt à ajouter, c'est-à-dire que ledit orifice devrait être d'un peu plus que de six doigts et un quart de doigt.

ZUAN ANTONIO. Il pourrait se faire que l'ouvrage de Vitruve ait été mal traduit.

TARTAGLIA. On trouve la même chose dans le texte latin.

ZUAN ANTONIO. Il resterait à savoir si les autres déterminations que l'on trouve dans le même endroit sont bien indiquées.

TARTAGLIA. Il est de fait qu'on y trouve toujours quelque erreur, tantôt plus, tantôt moins, et je crois que tout cela n'a pas d'autre cause que l'ignorance où l'on était de la règle que j'ai trouvée (et dont je vous ai parlé dans la question précédente) pour former la fraction convenable à ajouter à l'entier, au moyen du résidu que l'on obtient dans l'extraction de la racine cubique des nombres qui ne sont pas des cubes parfaits. Ce qui prouve que j'ai raison à cet égard, c'est que Vitruve, considérant ensuite le cas d'une pierre de six livres, conclut que l'orifice du chapiteau (*el forame del capitello*) de la baliste doit être alors de sept doigts, et pour indiquer la fraction à ajouter il met neuf points disposés à peu près circulairement.

ZUAN ANTONIO. Qui sait si peut-être ces neuf points ne sont

pas là pour exprimer la fraction convenable, ou les parties de doigts à ajouter aux sept doigts précités, bien que nous ne comprenions rien à la signification de ces neuf points qui sont un usage des anciens.

TARTAGLIA. S'il en était ainsi, il faudrait nécessairement que partout où l'on trouve ces neuf points dans Vitruve, ils représentassent toujours une seule et même fraction; or c'est ce qui n'est pas, car aux endroits où on les rencontre, il faudrait des fractions très-différentes les unes des autres. Par exemple, pour la pierre précitée de six livres, l'orifice devrait être de sept doigts et environ un huitième de doigt, c'est-à-dire un peu plus que sept doigts et un huitième. Ainsi, dans cet endroit, les neuf points signifieraient quelque chose de moins que un huitième de doigt. Pour la pierre de dix livres, Vitruve conclut que ledit orifice doit être de huit doigts, plus la valeur représentée par lesdits neuf points; et nous, en procédant par la méthode mentionnée dans la question précédente, nous trouvons que cette même pierre de dix livres doit demander un orifice de huit doigts et demi; d'où il s'ensuivrait que dans ce nouvel endroit les neuf points signifieraient un peu plus de un demi-doigt, contrairement à ce que nous avons trouvé precédemment qu'ils devaient signifier un peu moins de un huitième de doigt. On doit inférer de là que les neuf points n'ont aucune signification déterminée, et de plus, que Vitruve n'avait aucune règle pour former directement la fraction correspondante au résidu de l'extraction de la racine cubique (règle que nous avons dit dans la question précédente avoir découverte nous-même, et avoir été ignorée de tous les auteurs ayant traité cette matière, que nous avons lus).

ZUAN ANTONIO. Je ne puis croire que Vitruve ait ignoré

une chose comme celle-là, et je pense que l'erreur doit être mise sur le compte de ses traducteurs.

TARTAGLIA. On la retrouve dans les exemplaires les plus anciens en langue latine; mais il y a plus, car en parlant de la pierre de vingt livres, il détermine l'ouverture à dix doigts, plus la valeur qu'il attribue à ses neuf points, et moi je trouve que, pour ce cas, l'ouverture doit être de dix doigts et plus de trois quarts de doigt ; ainsi, dans cet endroit, lesdits neuf points signifieraient au delà de trois quarts d'un doigt, et c'est de la sorte qu'il continue de faire et de se tromper dans toutes les autres déterminations qu'il donne encore.

ZUAN ANTONIO. Je suis dans l'étonnement qu'un homme tel que Vitruve ait erré en cette matière.

QUESTION DOUZIÈME

Faite par le signor Jacques d'Achaia, dans une lettre adressée de Lezse (1).

SIGNOR JACQUES. Je vous prie en grâce de vouloir bien m'envoyer en dessin, par le porteur de la présente, la grandeur dont est, ou dont doit être le diamètre du boulet d'un rotolo, et de même ceux des boulets de deux, trois, quatre, cinq, six, etc. rotoli, en allant à cet égard aussi loin que vous le jugerez convenable.

---

(1) On pense qu'il s'agit de la ville de *Lecce* dans le royaume de Naples. Dans cette hypothèse, les rotoli dont il est question ici seraient de la valeur de 0 k,891 par chaque rotolo. Tel est le rapport d'après lequel on a traduit les poids indiqués dans la présente question. (*Note du traducteur.*)

TARTAGLIA. Pour pouvoir satisfaire à la demande de votre seigneurie, il est nécessaire qu'elle me fasse connaître le diamètre et le poids d'un boulet mesuré et pesé avec le plus grand soin, c'est-à-dire qu'il faudrait vous procurer d'abord un boulet, en choisissant de préférence le plus gros que vous pourrez, puis le peser avec la même exactitude que si c'était de l'argent, et ensuite en mesurer aussi le diamètre avec le plus grand soin, et me l'envoyer en longueur réelle représentée en dessin, avec le nombre représentant le poids du même boulet. Il faudrait aussi me faire connaître ce que c'est que le poids que vous appelez *rotolo*, et ses subdivisions, c'est-à-dire, me donner sa valeur en livres ou en onces, car ce poids n'est pas en usage dans notre pays. Ce faisant, je satisferai à la demande de votre seigneurie.

SIGNOR JACQUES. Très-cher M. Tartaglia, j'ai reçu votre lettre, et très-bien compris ce que vous me demandez. En conséquence je vous envoie ci-contre la ligne qui représente le diamètre d'un boulet de fer pesant précisément neuf rotoli. Je vous dirai en outre qu'un rotolo est un poids dont on fait usage ici à Lezze, et qui vaut trente-trois onces un tiers ; autrement dit, que cent onces font précisément trois rotoli.

TARTAGLIA. Très-honorable signor Jacques, j'ai reçu votre lettre et en même temps le diamètre, d'un boulet de neuf rotoli ; au moyen de ce diamètre j'ai déterminé ceux que vous trouverez ci-après représentés. J'aurais pu en augmenter le nombre, mais j'ai pensé que ceux-ci suffiraient au désir de votre seigneurie, et pour plus grande satisfaction commune, j'ai voulu exprimer les poids non-seulement en rotoli, mais en outre en livres et onces de nos pays, en partant du rapport que vous m'avez indiqué de trente-trois onces un tiers par rotolo. Comme quelques-uns des diamè-

Cette ligne est le diamètre d'un boulet de 9 rotoli (8k,019mm).

(119 mm.)

tres étaient trop grands pour pouvoir être compris dans la longueur de la feuille de papier, je n'ai indiqué que la moitié des diamètres qui sont dans ce cas, ainsi que vous pourrez le voir. Si le diamètre que vous m'avez envoyé est juste, ceux que vous trouverez ci-après et que j'ai déterminés géométriquement le seront aussi; mais si vous aviez commis quelque erreur dans la mesure du diamètre que vous m'avez envoyé, les miens aussi auraient besoin d'être corrigés. Pareillement, si votre rotolo est exactement de trente-trois onces un tiers, les poids en livres, que j'ai déterminés pour chaque diamètre, à raison de douze onces par livre, seront exacts aussi. Enfin si les onces de votre pays sont les mêmes que celles dont on fait usage ici à Venise, tout ce que j'ai marqué des boulets ci-après se vérifiera aussi à notre poids de Venise. Autrement non.

Il convient d'observer que tous les boulets coulés dans un même moule (*forma*) n'ont pas tous précisément le même poids, parce que le métal s'y condense tantôt plus, tantôt moins, dans l'un que dans l'autre, par diverses causes que je ne m'arrêterai pas en ce moment à énumérer. J'ai seulement cru devoir vous en avertir, afin que si mes déterminations venaient à n'être pas parfaitement d'accord avec le résultat de mesures directes, vous n'en soyez pas surpris. Cela tient en général à ce que jamais les choses faites en matière ne peuvent être exécutées si bien et si exactement, qu'il ne soit toujours possible de les faire d'une manière plus exacte et plus précise encore.

Je ferai encore observer à votre seigneurie que le diamètre qu'elle m'a envoyé étant celui d'un boulet de fer (d'après ce qu'elle m'a écrit), tous ceux que je donne ici se rapportent pareillement à des boulets de fer, et non à des boulets de plomb. Pour les adapter à des boulets de plomb, il faut augmenter chaque poids de sa propre moitié. Par exemple si l'on prend le diamètre du boulet de fer, du poids de 9 rotoli ou de 25 livres (8^k,019), je dis que le boulet de plomb du même diamètre, ou coulé dans le même moule, pèsera le même poids augmenté de sa moitié, c'est-à-dire 13 rotoli et demie, ou 37 livres et demie (12k,028) parce que la densité du plomb est à celle du fer dans un rapport à peu près sesquialtère ; et ce que je viens de dire doit s'entendre de tous les autres. Si l'on voulait en outre faire des boulets de pierre ordinaire, sur les mêmes mesures que ci-après, on aurait le poids de ces boulets de pierre en prenant le quart à peu près des poids des boulets de plomb, c'est-à-dire que le rapport en poids de la pierre marmoréenne au plomb est à peu près celui de 1 à 4, le rapport de la même pierre au fer étant à peu près celui de 15 à 38. A l'aide de ces notions, on pourra trouver le poids de tout boulet d'un diamètre voulu, et pour que votre seigneurie puisse mieux retrouver ces données au besoin, je les écris ci-dessous distinctement.

Le plomb est au fer à peu près comme 30 est à 19, c'est-à-dire à peu près en proportion sesquialtère.

Le plomb est à la pierre marmoréenne à peu près comme 4 est à 1.

Le fer est à la pierre à peu près comme 38 est à 15.

Suivent les lignes représentatives des diamètres des boulets de fer.

La ligne ci-dessous est le diamètre d'un boulet de 9 rotoli, tel qu'il m'a été envoyé de Lezze, ce qui fait 25 livres (8k,017).

(119 mm.)

La ligne ci-dessous est le diamètre d'un boulet de 10 rotoli, faisant 27 livres 9 onces un tiers (8k,910).

(120 mm.)

La ligne ci-dessous est le diamètre d'un boulet de 11 rotoli, faisant 30 livres 6 onces deux tiers (9k,801).

(129 mm.)

La ligne ci-dessous est le diamètre d'un boulet de 12 rotoli, faisant 33 livres 4 onces (10k,692).

(134 mm)

La ligne ci-dessous est la moitié du diamètre d'un boulet de 18 rotoli, faisant 50 livres (16k,038).

(74 mm.)

La ligne ci-dessous est la moitié du diamètre d'un boulet de 36 rotoli, faisant 100 livres (32k,076).

(94 mm.)

La ligne ci-dessous est la moitié du diamètre d'un boulet de 45 rotoli, faisant 125 livres (40k,095).

(103 mm.)

La ligne ci-dessous est la moitié du diamètre d'un boulet de 72 rotoli, faisant 200 livres (64k,152).

(119 mm.)

La ligne ci-dessous est le diamètre d'un boulet de 8 rotoli, faisant 22 livres 2 onces un tiers (7k,128).

(114 mm.)

La ligne ci-dessous est le diamètre d'un boulet de 7 rotoli, faisant 19 livres 5 onces un tiers (6k,237).

(109 mm.)

La ligne ci-dessous est le diamètre d'un boulet de 6 rotoli, faisant 16 livres 8 onces (5k,346).

(102 mm.)

La ligne ci-dessous est le diamètre d'un boulet de 5 rotoli, faisant 13 livres 10 onces deux tiers (4k,455).

(97 mm.)

La ligne ci-dessous est le diamètre d'un boulet de 4 rotoli, faisant 11 livres 1 once un tiers (3k,564).

(89 mm.)

La ligne ci-dessous est le diamètre d'un boulet de 3 rotoli, faisant 8 livres 4 onces (2k,673).

(83 mm.)

La ligne ci-dessous est le diamètre d'un boulet de 2 rotoli faisant 5 livres 6 onces 2 tiers (1k,782).

(72 mm.)

La ligne ci-dessous est le diamètre d'un boulet de 1 rotolo, faisant 2 livres 9 onces un tiers (0k,891).

(57 mm.)

La ligne ci-dessous est le diamètre d'un boulet de 1 livre (0k,360).

(40 mm.)

La ligne ci-dessous est le diamètre d'un boulet de 1 rotolo et demi, faisant 4 livres 2 onces (1k,336).

(67 mm.)

Observation du Traducteur.

Toutes les lignes ci-dessus tracées ont été imprimées conformes à celles du texte original. Mais le retrait du papier les a toutes un peu diminuées proportionnellement à leur longueur, et il est probable qu'un effet pareil avait déjà eu lieu dans l'impression de l'original lui-même. Il ne faut donc pas attacher un sens trop absolu à leur longueur telle qu'elle est ici rendue, soit en lignes, soit en nombres. Ces derniers sont les nombres ronds de millimètres que l'on a trouvés aux lignes de l'exemplaire italien dont on s'est servi.

FIN DU SECOND LIVRE.

RECHERCHES ET INVENTIONS DIVERSES

RELATIVES A

L'ARTILLERIE

PAR

NICOLAS TARTAGLIA.

OUVRAGE PUBLIÉ POUR LA PREMIÈRE FOIS EN 1546.

LIVRE TROISIÈME,

Concernant le salpêtre, les divers dosages de la poudre à tirer, les propriétés ou fonctions spéciales de chacun des trois éléments de ces dosages, ainsi que d'autres particularités relatives à la poudre.

QUESTION PREMIÈRE

Faite par le signor Gabriel Tadino, prieur de Barletta.

LE PRIEUR. Combien n'y a-t-il pas lieu de s'étonner que les anciens aient ignoré le salpêtre, qui nous est devenu si familier dans les temps modernes !

TARTAGLIA. La connaissance de ce corps remonte à une époque très-reculée, car tous les anciens physiciens ou naturalistes en font mention; seulement il n'a pas toujours été nommé de même : quelques-uns, et notamment Avicennes, le nomment *baurach*, parce que tel est son nom en langue arabe; d'autres l'ont appelé *afronitrum*, parce que les Grecs l'appelaient ainsi; enfin d'autres encore (et notamment Sérapion, Dioscoride et Pline) l'appellent *nitre* (*nitro*), ou *écume de nitre* (*spuma nitri*), parce que c'est ainsi qu'il s'appelle en latin. Dans les Pandectes on distingue deux espèces de nitre ou de salpêtre, l'une dite *salpêtre minéral* et l'autre *salpêtre artificiel* (1). Le salpêtre minéral se subdivise lui-même en 4 variétés, qui sont les salpêtres dits d'*Arménie*, d'*Afrique*, de *Rome* et d'*Egypte*. Sérapion dit que les minières de salpêtre sont comme les minières de sel, parce que l'on en trouve à l'état d'eaux courantes, lesquelles eaux se congèlent et se condensent à peu près comme de la pierre, ce que dit également Pline. Il s'en trouve aussi où le salpêtre est à l'état de pierre dans sa mine, et on l'appelle alors *sel pierreux* (*sal petroso*). Sérapion ajoute qu'il y en a de cette dernière espèce du blanc, du rouge, et de bien des couleurs; ce qui lui fait dire qu'il y en a d'espèces très-variées, non-seulement par suite de la diversité des nuances, mais parce qu'il y en a qui est spongieux, rempli de petits trous, et un

(1) On dirait plus exactement aujourd'hui, au lieu de salpêtre minéral, *salpêtre natif* ou *naturel*; quant au *salpêtre artificiel*, c'est probablement, comme aujourd'hui, le produit de nitrières artificielles et des opérations chimiques exécutées dans les ateliers des salpêtriers. (*Note du traducteur.*)

autre qui se présente sous forme de lames fragiles (*in lamine frangibili*), sans compter beaucoup d'autres diversités de propriétés qu'il serait trop long de s'arrêter à énumérer. L'une de ces espèces est plus mordante et puissante (*mordente et potente*) que l'autre.

A l'égard du salpêtre artificiel, il s'abstient d'en parler, parce que de son temps il était plus connu que la bétoine (*che la herba betonica*).

LE PRIEUR. Je croyais vraiment que tout ce qu'on en savait était chose moderne.

QUESTION SECONDE

Faite par le même signor, prieur de Barletta.

LE PRIEUR. Dites-moi un peu si les anciens, qui ont eu connaissance du salpêtre, soit naturel, soit artificiel (ainsi que vous le prouvez par l'autorité des anciens physiciens), savaient aussi qu'il brûle et embrase (*ardesse et abrusiasse*) aussi énergiquement qu'il le fait?

TARTAGLIA. Il est de fait que les anciens naturalistes que je vous ai cités ne font mention que de celles de ses propriétés qui sont utilisées en médecine. Mais beaucoup d'autres auteurs anciens nous prouvent incontestablement que l'on savait qu'il brûle (*che abrusiava*) (1), parce qu'ils s'en ser-

---

(1) En voyant Tartaglia dire ici et plus loin que le salpêtre brûle, c'est-à-dire entre en combustion, on se demande si c'est le résultat d'une idée fausse, d'une idée imparfaite des propriétés du salpêtre, ou si peut-être on n'attachait pas de son temps au mot combustion la même idée qu'aujoud'hui, et quand je dis *la même*, je ne prétends

vaient dans les compositions de quelques feux employés pour brûler les tortues, les béliers, les hélépoles, et autres

---

pas que ce soit d'une manière absolue, ou jusque dans les derniers détails de la théorie, mais j'entends seulement *la même* quant au fond, qui consiste dans le phénomène d'une production de chaleur et de lumière. Aujourd'hui l'on attache au mot *combustion* l'idée d'une action chimique dans laquelle il y a production de chaleur et de lumière tout à la fois, action qui, pour entrer en jeu, a le plus souvent besoin d'une certaine élévation de la température de l'un au moins des corps entre lesquels elle a lieu, mais qui, le plus souvent aussi, une fois commencée, se maintient par la chaleur même qu'elle produit. Il convient encore d'ajouter, pour compléter l'idée que l'on se fait aujourd'hui du mot combustion, que dans le plus grand nombre des cas l'un des corps qui concourt à la produire est l'oxygène, et que c'est même ce que l'on sous-entend toujours quand on parle de la combustion d'une matière sans nommer l'autre matière avec laquelle elle brûle, ou produit le dégagement de chaleur et de lumière. Ainsi, dire purement et simplement que *le soufre brûle*, c'est dire qu'étant convenablement échauffé, il se combine avec l'oxygène en produisant de la chaleur et de la lumière, et dans ce cas particulier on remarque surtout que la chaleur produite au point de la masse du soufre qui brûle actuellement suffit pour propager facilement la combustion aux points circonvoisins. De même, quand on dit que le *charbon brûle*, cela signifie qu'étant convenablement échauffé, l'oxygène de l'air où il est plongé se combine avec lui en produisant de la chaleur et de la lumière. Ici encore la chaleur engendrée suffit pour déterminer la combustion d'autre charbon, mais avec quelque différence cependant comparativement à ce qui a lieu dans le cas du soufre, relativement au rapport le plus convenable entre la masse du charbon actuellement en ignition et celle du charbon qui doit entrer en combustion, parce que la chaleur produite dans la combustion du charbon n'excède pas autant celle qui est né-

tours portatives que l'on employait à cette époque dans l'attaque des places, ainsi que pour brûler les flottes. Il est à

---

cessaire pour la déterminer que la chaleur produite par la combustion du soufre excède celle qui suffit à donner lieu à cette combustion du soufre.

En étendant ces idées au salpêtre, dire purement et simplement (comme le fait Tartaglia) que le salpêtre brûle, ce serait sous-entendre que ce corps est susceptible, à une température convenable, d'entrer en combinaison avec l'oxygène, en produisant un dégagement de chaleur et de lumière. Ainsi comprise, cette expression serait tout à fait fausse; car loin de se combiner avec l'oxygène, le salpêtre chauffé un peu au delà du terme de sa fusion se décompose en abandonnant une partie de l'oxygène qu'il contient. Et de plus il serait assez difficile, même dans l'état actuel de la science de constater si ce dégagement d'oxygène est accompagné d'une production de lumière, et même s'il y a élévation ou abaissement de la température. Ce qu'il y a de certain, c'est que s'il y a élévation de température (contrairement aux idées que suggère la nature même des choses), elle ne suffit pas pour entretenir le phénomène, qui demande le concours d'une cause de chaleur étrangère pour se continuer.

Revenons à la question que nous nous étions posée. Que veut dire Tartaglia quand il énonce que le salpêtre brûle? Veut-il seulement exprimer le phénomène de sa décomposition avec dégagement de fluides élastiques, ou de ce qu'il appelle une *exhalaison venteuse*, ou bien veut-il exprimer la véritable combustion qu'il *produit* dans d'autres corps tels que le charbon, le soufre, le bois, etc., à l'aide de l'oxygène qu'il dégage? Après avoir lu cet auteur en entier, on reste à cet égard dans la même incertitude qu'au début, et l'on doit conclure de là que cette partie de la science était encore trop peu avancée de son temps pour que l'on eût, je ne dirai pas des idées justes, mais seulement des idées précises, bien définies, fussent-elles erronées.

remarquer que, dans ces sortes de compositions, quelques-uns le désignent sous le nom de *sel ardent*, d'autres sous celui de *sel pierreux*, d'autres sous celui de *sel pratique* (*sal praticha*), d'autres encore sous son nom actuel (1546), *sel nitreux* (*sal nitrio*).

LE PRIEUR. A ce sujet j'ai un autre doute à vous proposer; mais je souffre d'un mal de tête, et nous remettrons la chose à demain soir.

QUESTION TROISIÈME

Faite par le même signor, prieur de Barletta.

LE PRIEUR. Puisque les anciens connaissaient la propriété qu'a le salpêtre de brûler et d'embraser aussi vivement qu'il le fait, comment ne surent-ils pas faire la poudre à canon, comme nous autres modernes, malgré la grande importance de cet agent dans l'art de la guerre?

TARTAGLIA. Ce serait tirer une fausse conséquence que de dire que par cela seul que les anciens savaient que le salpêtre brûle et embrase, ils devaient nécessairement connaître la composition de la poudre à canon; car cette poudre ne se fait pas de salpêtre seulement; mais il entre trois ma-

---

Tout se bornait à savoir que le salpêtre donne lieu à un abondant dégagement de gaz, mais il paraît que l'on confondait celui qu'il dégage par la décomposition pure et simple à l'aide de la chaleur avec celui qu'il produit quand on le met en contact, à une température élevée, avec certains corps combustibles. Il paraît de plus que c'était ces phénomènes qu'on appelait indistinctement la combustion du salpêtre. (*Note du traducteur*).

tières dans sa composition (comme je crois bien que vous le savez), le salpêtre, le soufre et le charbon. On peut donc très-bien admettre que les anciens connaissaient le salpêtre et ses propriétés, et ignoraient cependant la composition de ladite poudre.

LE PRIEUR. Vous avez raison.

QUESTION QUATRIÈME

Faite par le même signor, prieur de Barletta.

LE PRIEUR. Quelle est la raison qui a fait adopter pour la composition de la poudre à tirer les trois matières que vous avez dites, le salpêtre, le soufre et le charbon, au lieu d'autres éléments, et quelles sont les propriétés particulières que chacune de ces trois matières apporte dans cette composition; autrement dit, quels sont les rôles que chacune d'elles y joue, et quel effet produiraient deux quelconques d'entre elles à l'exclusion de la troisième?

TARTAGLIA. La poudre à tirer se compose des trois matières précitées, parce que chacune d'elles remédie ou supplée à quelque imperfection qui aurait lieu en n'employant que les deux autres. Le soufre est plus propre à mettre le feu avec flamme, pour peu qu'il en soit touché, que ne le sont le salpêtre et le charbon; et le feu accompagné de flamme est beaucoup plus propre que toute autre espèce de feu à embraser le salpêtre (*a introdur in fuoco el salnitrio*). D'un autre côté, le salpêtre en brûlant se résout tout entier (*tutto*) (1) en une exhalaison venteuse d'une telle énergie,

(1) Le mot *tout entier* (*tutto*) est encore une erreur des observateurs

qu'elle serait capable d'éteindre subitement la flamme déjà communiquée au soufre, et conséquemment aussi celle que le soufre aurait déjà introduite dans le salpêtre lui-même; et comme la nature du soufre, aussi bien que celle du salpêtre, est telle, que, une fois la flamme éteinte, il ne reste plus aucune trace de feu, il s'ensuit que si l'on ne mélangeait ensemble que du salpêtre et du soufre parfaitement bien pulvérisés, et que l'on mît le feu au mélange, celui-ci s'enflammerait en effet immédiatement, mais s'éteindrait aussi immédiatement après, par les raisons énoncées ci-dessus, c'est-à-dire que le feu ne continuerait pas jusqu'à consomption de toute la matière, mais n'en brûlerait qu'une

du temps de Tartaglia. Car le résultat de la décomposition la plus complète du salpêtre par la chaleur seule se compose, en outre des fluides élastiques qui se dégagent, d'un résidu solide abondant de potasse. C'est probablement parce qu'une poudre bien fabriquée, brûlée à l'air libre, ne laisse aucun résidu à l'emplacement qu'elle occupait, que l'on concluait alors que le salpêtre se résolvait en entier en exhalaison venteuse. Mais on aurait pu conclure plus exactement (même en continuant de raisonner sur ce qui se passait dans la combustion de la poudre, au lieu de raisonner sur ce qui se passe dans la décomposition du salpêtre), si l'on eût considéré que les choses ont lieu tout autrement lorsque la poudre est brûlée dans l'âme d'une pièce. A l'air, la violence de l'explosion dissipe en un instant tous les produits, soit gazeux, soit solides, et ces derniers ne paraissent que par le nuage qu'ils produisent en se précipitant (ce qu'ils ne font pas sans condenser une partie de la vapeur aqueuse de l'air qu'ils traversent). Mais lorsque la combustion de la poudre se fait au fond d'une bouche à feu, la résistance des parois de l'âme, celle du projectile, la longueur même de l'âme, sont des causes qui forcent une partie plus ou moins notable des produits solides à rester dans la pièce, où ils ne tardent pas à se déposer. (*Note du traducteur.*)

partie, laissant le reste intact. C'est pour remédier à ce défaut que l'on ajoute aux deux matières précitées du charbon parfaitement pulvérisé, parce que le charbon a la propriété qu'étant touché par la flamme, il s'allume aussitôt et se convertit en feu sans flamme, lequel feu sans flamme s'allume et s'entretient d'autant mieux qu'il est plus excité par quelque vent, et il se conserve alors et s'entretient jusqu'à ce que toute la matière soit réduite en cendres. D'après cela, lorsqu'on vient à toucher avec du feu la composition ci-dessus indiquée, à l'instant le soufre produit de la flamme (ainsi qu'on l'a dit), laquelle flamme aussitôt met tout à la fois feu et flamme dans le salpêtre, et feu sans flamme dans le charbon. Ce feu sans flamme du charbon, loin de s'éteindre par le vent, en est activé ; en sorte que le vent causé par le salpêtre n'est pas susceptible d'éteindre le feu sans flamme que produit le charbon, et au contraire l'active et l'augmente. Le soufre se trouvant en même temps toujours environné de feu, soit avec, soit sans flamme, ne peut cesser un instant d'être enflammé, et la flamme (ainsi qu'il a été dit) enflamme le salpêtre. Ainsi donc les trois matières parfaitement pulvérisées et mêlées ensemble produisent une composition telle, que lorsqu'on vient à y appliquer le feu, ce feu devient inextinguible jusqu'à consomption complète du mélange, à moins que l'un ou l'autre des ingrédients ne fût accidentellement défectueux, soit pour être imprégné d'humidité, soit pour avoir été mis en proportion très-différente de la proportion convenable. Concluons donc de ce qui précède, que l'office du soufre dans cette composition se réduit à produire du feu avec flamme, et à allumer les deux autres matières ; que celui du charbon est de conserver le feu sans flamme que le soufre y a introduit, de le conserver surtout malgré le vent violent causé par le salpêtre, et enfin que l'office du salpêtre est uniquement de produire cette extrêmement grande exhalaison de vent dont dépend toute la vertu, toute la propriété de la poudre, parce que c'est ce vent seul qui communique au boulet l'impulsion violente qui le pousse hors de l'âme. Ainsi finalement c'est du salpêtre seul que dépend toute la vertu et puissance de la poudre, et les deux autres éléments ou ingrédients, le soufre et le charbon, ne sont ajoutés que pour réduire en feu et par suite en vent ce même salpêtre. On peut démontrer qu'ils n'ont aucun autre objet, en remarquant que si l'on composait une poudre avec du soufre et du charbon seulement, que l'on en mît dans une pièce d'artillerie une quantité aussi grande que l'on voudrait, on aurait beau mettre le feu à cette espèce de poudre, elle serait incapable de chasser hors la pièce un fétu de bois ou de paille, et cela parce que toute la vertu expulsive gît uniquement dans le salpêtre. Aussi pourrait-on plutôt dire qu'il serait possible de faire une poudre à tirer sans charbon et sans soufre, que sans salpêtre, parce qu'il est à croire qu'il serait plus facile de trouver d'autres matières propres à remplir l'office du soufre pour produire du feu avec flamme, et celui du charbon pour conserver du feu sans flamme, qu'à en trouver une autre qui fût apte à produire un vent aussi grand, aussi impétueux que celui que produit le salpêtre.

LE PRIEUR. Oui, il est présumable qu'il serait plutôt possible de composer une bonne poudre sans charbon ni soufre que sans salpêtre, parce que toute la vertu, toute l'énergie de la poudre, d'après ce que vous avez dit, dépend du salpêtre et ne dépend que de lui; mais il est tard, et il est temps de mettre fin à notre entretien (1).

(1) La théorie exposée par Tartaglia pour expliquer le rôle que

QUESTION CINQUIÈME

Faite par le même signor, prieur de Barletta.

LE PRIEUR. Hier soir, vous m'avez expliqué les raisons qui ont fait adopter les trois ingrédients qui entrent dans la

---

joue chacun des trois ingrédients de la poudre dans la déflagration de ce mélange, est certainement très-ingénieuse, et avait le double avantage d'être extrêmement simple et de parler aux sens en s'appuyant sur des faits d'observation vulgaire. Aussi a-t-elle subsisté longtemps, malgré quelques complications futiles ou fausses que l'on y a quelquefois ajoutées, malgré la faiblesse des raisonnements que l'on y emploie pour faire la part d'action du soufre et du charbon, malgré le vague, l'incertitude dans lesquels elle laisse relativement à la détermination *a priori* du meilleur dosage. Sous ce dernier point de vue, cette théorie conduit seulement à faire prédominer autant que possible le salpêtre, puisque c'est lui qui est censé fournir tout le fluide élastique, et que le soufre et le charbon ne sont censés là que pour favoriser le dégagement de ce fluide élastique, le premier en fournissant par sa flamme la chaleur nécessaire à la décomposition du salpêtre, et le second en empêchant, par la permanence de son ignition, la flamme du soufre de s'éteindre par l'effet même du souffle produit par le salpêtre, ou la rallumant en quelque sorte continuellement à mesure que ce souffle l'éteindrait. Quant au point auquel il convient d'arrêter cette prédominance du salpêtre, et quant aux proportions relatives du charbon et du soufre, le tâtonnement seul pouvait y conduire.

J'ai dit que cette théorie a subsisté pendant très-longtemps. Je la retrouve en effet dans l'*Ars magna artilleriæ* de Simienowicz publié en 1650 et dans le *Novum fundamentum et praxis artilleriæ* de Braun,

composition de la poudre à tirer, et le rôle que chacun d'eux remplit dans cette composition ; je vous demanderai main-

---

publié en 1682 et 87. Il est même assez probable qu'elle a continué de régner bien au delà de cette dernière époque, car de toutes les branches des connaissances sur lesquelles l'artillerie s'appuie, la partie pneumatique de la chimie est celle qui a le plus tardé à naître. Heureusement, par une sorte de compensation, une fois connue, ses progrès ont marché d'une rapidité extrême, et depuis ces progrès (que l'on doit surtout aux habiles chimistes du commencement du XIXe siècle), quelle netteté dans les idées qui servent de base à la théorie de la poudre, quelle facilité il y aurait à calculer *a priori* le meilleur dosage à l'aide des *équivalents chimiques*, si depuis longtemps l'expérience, consultée à défaut d'une telle théorie, n'avait fini par conduire précisément aux mêmes résultats qu'elle; enfin quelle facilité encore à déterminer numériquement, avec une très-grande approximation, la force absolue de la poudre, si l'intensité de la chaleur qui accompagne sa déflagration était mieux connue. Je dis avec une très-grande approximation, et non pas rigoureusement, parce que les produits de la combustion de la poudre ne sont pas toujours parfaitement les mêmes, mais varient dans de certaines limites dont on se rend très-bien compte, mais que l'on ne peut pas cependant toujours parfaitement prévoir.

Sans vouloir présenter ici une théorie complète de ce qui se passe dans la déflagration de la poudre, nous croyons devoir en donner une idée sommaire, assez seulement pour indiquer à peu près l'état actuel de la question, et le rapprocher de celui de la même question, à l'époque de la première théorie un peu raisonnée que l'on en ait faite. Car tout ce que l'on trouve à ce sujet antérieurement à Tartaglia dans les anciens ouvrages sur l'artillerie, est de la physique ou de la chimie la plus grossière et la plus vague que l'on se puisse imaginer, à moins de supposer que certains mots que l'on employait alors, tels que ceux d'*aversion réciproque* du chaud et du froid, du sec

tenant quel fut l'inventeur de cette poudre, et de plus quelle fut la proportion de chacun de ces trois éléments qu'il détermina comme la plus convenable.

---

et de l'humide, n'exprimassent quelque chose de plus spécial, de plus déterminé que ce qu'ils expriment aujourd'hui.

Dans la théorie actuelle, le salpêtre ne fournit pas à lui seul, par sa décomposition, tout le volume gazeux qui produit l'expulsion du projectile hors de l'âme de la bouche à feu. Chacun des deux autres ingrédients y contribue aussi : le charbon y contribue directement en fournissant un ou plusieurs éléments aux gaz engendrés ; le soufre, n'y fournit rien, mais il aide à la décomposition du salpêtre, et de plus il contribue puissamment à augmenter le volume des gaz et la rapidité de leur expansion par la grande chaleur à laquelle donne lieu son action sur le potassium.

Le salpêtre pur (ou tel, à très-peu près, qu'il est admis, en France, dans la fabrication de la poudre) est un composé ternaire de trois corps simples, le potassium, l'oxygène, l'azote, dont les deux derniers sont naturellement gazeux. Le soufre pur (ou tel aussi qu'il est prescrit de l'employer) est un corps simple ; enfin le charbon, si l'on fait abstraction de la cendre qu'il renferme (on en rend la quantité la plus petite possible, par un choix et une préparation convenables du bois dont on le fait), le charbon, disons-nous, peut être aussi regardé comme un corps simple, *le carbone*, lorsque la carbonisation du bois a été poussée aussi loin que possible, ou bien comme ce même corps simple uni à quelque peu d'oxygène et d'hydrogène lorsque la carbonisation du bois n'a pas été complète.

En se bornant au cas du charbon très-calciné, négligeant les traces de corps étrangers et le peu d'humidité que renferme toujours plus ou moins la meilleure poudre en service, celle-ci, par suite de sa composition, contient en présence les cinq éléments suivants, rangés ici dans un ordre propre à mieux faire ressortir ce

TARTAGLIA. L'opinion vulgaire relativement à l'invention de la poudre et de l'artillerie, opinion fondée sur l'autorité

---

qui, conformément aux résultats de l'analyse chimique, se passe dans la réaction produite par l'inflammation.

Potassium — soufre
Azote
Oxygène — carbone.

Au moment de la réaction (et la poudre étant supposée bien préparée et bien sèche), le potassium s'unit au soufre, en produisant une grande quantité de chaleur.

En même temps il abandonne l'azote et l'oxygène avec lesquels il était uni. L'azote devenu libre tend tout à coup à occuper un volume considérable, que l'état de la science permet de calculer pour une température déterminée, mais que l'on ne peut évaluer en réalité que plus ou moins approximativement, parce que l'on n'a encore jusqu'ici que des données incertaines sur la température qui accompagne la déflagration de la poudre.

A l'égard de l'oxygène, il s'unit au carbone en donnant lieu principalement à de l'acide carbonique. Cependant il se produit en même temps un peu d'oxyde de carbone (ce qui mérite d'être observé pour les conséquences qu'on peut en déduire, ainsi que nous le dirons plus loin). S'il ne se produisait que de l'acide carbonique, ou même si seulement la proportion du gaz oxyde de carbone était connue d'avance et invariable, il serait aisé de calculer le volume de l'un et de l'autre de ces deux gaz pour une température déterminée, comme on l'a dit de l'azote, et il ne resterait qu'à connaître la température produite dans la combustion de la poudre, pour pouvoir évaluer aussi la part de ces deux gaz dans la force absolue que l'on veut calculer. Mais il paraît que la proportion de l'oxyde de carbone dans les produits gazeux de la poudre est sujette à varier selon les

de *Cornazano*, est qu'un alchimiste allemand en fut l'auteur. Quant à mon opinion particulière, je crois que c'est

---

circonstances. Tout ce que l'on sait jusqu'ici de précis à cet égard, c'est que cette proportion est toujours très-faible.

Nous avons tout à l'heure appelé l'attention du lecteur sur la présence de ce gaz : voici en quoi elle nous paraît intéressante à noter. L'expérience n'ayant pas encore fait connaître la température à laquelle s'élève une masse de poudre au moment de sa déflagration, et la science n'étant pas encore assez avancée pour permettre de calculer cette température *a priori* d'après les réactions qui ont lieu, on est réduit, pour l'apprécier ou en fixer à peu près les limites, à s'aider des divers renseignements que les circonstances fournissent. Tel, est suivant nous, le fait de la présence de l'oxyde de carbone. On sait que le charbon en brûlant ne produit de l'oxyde de carbone que lorsque la température est très-élevée ; au-dessous de la limite à laquelle ce gaz se produit, c'est l'acide carbonique seul qui résulte de la combinaison du carbone avec l'oxygène. Puis donc qu'il y a de l'oxyde de carbone dans les produits de la combustion de la poudre, on doit en conclure que, dans quelques points du moins de la masse de poudre, la température s'élève jusqu'à la limite à laquelle l'acide carbonique se transforme en oxyde de carbone. D'après cela, nous pensons que l'on aura une limite assez approchée de la température des gaz produits dans la combustion de la poudre en prenant comme terme moyen la température à laquelle le gaz acide carbonique est susceptible de passer à l'état de gaz oxyde de carbone...

Nous ferons remarquer en terminant cette note, que, postérieurement à Tartaglia la découverte d'un grand nombre de composés fulminants, et notamment celle des chlorates et des fulminates, est venue infirmer formellement l'opinion où l'on était alors qu'il serait plus difficile de remplacer le salpêtre par une substance propre comme lui à donner lieu à une émission soudaine d'une grande

à Archimède de Syracuse (philosophe et mathématicien des plus distingués) qu'il faut faire remonter cette invention; c'est aussi l'opinion du commentateur de Vitruve (au livre premier, feuille 8), et la raison qu'on peut en donner c'est que l'on rapporte de lui en beaucoup d'endroits (au dire de Valturio, dans le dixième livre de son ouvrage *De re militari*), qu'il avait inventé une certaine machine construite en fer, avec laquelle il lançait contre l'armée de terre (*essercito terresto*) des pierres d'un très-grand poids et d'un grand volume, avec accompagnement d'un bruit incroyable; ce qui donne à entendre que cette machine devait être analogue à une pièce d'artillerie, avec laquelle on lançait de très-grosses pierres, ainsi qu'il était d'usage de le faire, il n'y a pas encore longtemps, parmi les modernes. Le bruit prodigieux que produisait cette machine au moment d'agir est surtout ce qui induit à le croire, parce qu'il ne me paraît pas possible de produire un tel son dans aucune autre espèce de machine à lancer des projectiles (1), que celles qui ressemblent aux pièces d'artillerie. Sans doute ces premières pièces devaient être très-difformes et bien plus incommodes que celles dont on se sert aujourd'hui; car toujours les premières inventions tiennent du rustique, et c'est avec le temps qu'elles s'améliorent, parce qu'il est toujours facile d'ajouter aux

---

quantité de gaz, ou, selon l'expression du temps, à une grande exhalaison venteuse, qu'il ne le serait de remplacer le charbon et le soufre par d'autres corps propres à remplir les mêmes fonctions qu'eux. (*Note du traducteur.*)

(1) On croit pouvoir inférer de ce que dit ici Tartaglia, qu'il n'avait aucune connaissance, ni des effets de la condensation de l'air, ni de ceux de la vapeur d'eau. (*Note du traducteur.*)

choses inventées. Et ce que je dis des premières pièces doit s'entendre aussi des premières poudres employées, quel qu'en fut l'inventeur (que ce soit Archimède ou tout autre); il est à présumer qu'elle n'était pas composée à l'origine de la même manière et dans les mêmes proportions qu'elle l'est aujourd'hui, et je juge même qu'à cette époque sa composition a dû varier d'une infinité de manières. Ce qu'il y a de certain, c'est que j'ai retrouvé dans plusieurs livres, pas trop anciens, certains modes de fabrication et de composition fort différents de ce que l'on suit dans les procédés les plus modernes.

LE PRIEUR. Dites-moi un peu quelles sont les proportions que l'on suit aujourd'hui et celles que l'on a suivies autrefois.

TARTAGLIA. J'ai trouvé dans quelques-uns des plus anciens livres, que, pour faire de la poudre à bombardes, il fallait prendre parties égales de chacun des trois ingrédients précités, c'est-à-dire autant de l'un que de l'autre.

D'autres livres postérieurs indiquent de prendre trois parties de salpêtre, deux parties de soufre et deux parties de charbon.

D'autres ensuite veulent que, pour faire ladite poudre à bombardes, on prenne 10 livres de salpêtre, pour 3 livres de soufre et 3 livres de charbon.

Puis d'autres demandent 12 livres de salpêtre, 3 livres de soufre et 2 livres de charbon.

Il y en a qui veulent que l'on prenne 9 parties de salpêtre, 2 parties de soufre et 3 parties de charbon.

Et d'autres plus modernes qui, pour faire la poudre d'escopette, veulent que l'on prenne 4 parties de salpêtre, 1 partie de soufre et une partie de charbon.

Quelques-uns disent que, pour faire la grosse poudre, on

doit prendre 20 parties de salpêtre, 3 parties de soufre et 10 parties de charbon, et que pour la faire un peu plus fine, à l'usage des escopettes, il faut 100 parties de salpêtre, 10 de soufre et 36 de charbon.

D'autres disent que, pour faire la grosse poudre, il faut prendre 100 parties de salpêtre, 20 parties de soufre et 37 de charbon, et que pour la fine il faut 9 parties de salpêtre, 3 parties de soufre et 6 parties de fleur de *mirochea*, ce qui prouve qu'on a essayé d'en faire sans charbon, bien que la plante citée me soit inconnue, car c'est en vain que j'ai cherché son nom dans les Pandectes, dans Avicennes et dans les vocabulaires des plantes.

Des auteurs plus modernes encore ont dit que, pour faire la grosse poudre, il fallait prendre 2 parties de salpêtre, une partie de soufre et une de charbon de saule; que, pour faire celle des arquebuses, il fallait 3 parties de salpêtre, 1 partie de charbon fait avec de jeunes rameaux de saule, et 1 partie de soufre; et que, pour la poudre fine à escopettes, il fallait prendre 5 parties de salpêtre plusieurs fois raffiné, une partie de soufre, et une partie de charbon de branches d'aveliniers ou de noisetiers (*coudriers*) d'une année seulement de pousse.

Suivant d'autres, pour faire la grosse poudre il fallait prendre 3 parties de salpêtre raffiné, 1 partie de soufre et 2 parties de charbon de saule; pour la poudre moyenne, c'était 10 parties de salpêtre raffiné, 2 de soufre et 3 de charbon de saule; pour la poudre fine d'arquebuses, 10 parties de salpêtre raffiné, 1 partie de soufre et 1 partie de rameaux de *nizola* écorcés (*monde*); enfin pour faire la meilleure poudre, ou celle des escopettes, ils recommandent 27 parties de salpêtre raffiné, 3 parties de soufre et 4 parties de charbon de ces mêmes rameaux de nizola écorcés.

D'autres auteurs disent que, pour faire la poudre plus forte, il faut prendre 7 livres de salpêtre raffiné, 1 livre de soufre, 1 livre de charbon de rameaux de *nizola* écorcés.

D'autres, que pour en obtenir de beaucoup meilleure, il convient de prendre 8 parties de salpêtre raffiné, une partie de soufre et une partie de charbon de rameaux de nizola jeunes et écorcés.

D'autres, pour qu'elle soit plus forte, veulent que l'on y ajoute, tantôt du vif-argent, tantôt de l'eau-de-vie, tantôt du sel ammoniac, tantôt du camphre.

Quelques-uns veulent que l'on y emploie du charbon fait avec des trognons de choux (*de torsi de verzi*); d'autres du charbon de joncs ou de toile de lin brûlée.

D'autres ont essayé de la faire de diverses couleurs sans charbon; ils en ont fait de la blanche, de la rouge, de la (*biava*), en y mettant des fleurs de plantes desséchées et réduites en poudre, lesquelles tenaient lieu de charbon, et qui communiquaient leurs couleurs au mélange.

Je ne finirais pas d'ici à demain matin s'il fallait décrire toutes ces diversités de composition. Mais afin que votre seigneurie puisse juger d'un coup d'œil la différence qui existe entre elles, je vais les présenter distinctement une à une, dans le tableau ci-dessous, suivant l'ordre où elles ont été énumérées ci-dessus, en y en joignant d'autres que j'ai omises pour abréger (1).

---

(1) La troisième colonne du tableau ci-contre n'est pas dans Tartaglia. On l'a ajoutée pour rendre la comparaison des divers dosages plus facile, et faciliter aussi leur comparaison avec des dosages usités aujourd'hui, et que l'on exprime habituellement en centièmes parties du poids de la poudre. L'avantage de rapporter les

DÉSIGNATION DES POUDRES.	NOMS ET PROPORTIONS EN POIDS DES ÉLÉMENTS.		
	suivant la désignation de Tartaglia.		calculés pour 100 parties de poudre.
		PARTIES.	PARTIES.
1. Poudre de bombardes la plus ancienne	Salpêtre	1	33,33
	Soufre	1	33,33
	Charbon	1	33,33
2. Poudre de bombardes moins ancienne	Salpêtre	3	42,86
	Soufre	2	28,57
	Charbon	2	28,57
3. Poudre de bombardes moins ancienne	Salpêtre	10	62,50
	Soufre	3	18,75
	Charbon	3	18,75
4. Poudre de bombardes moins ancienne	Salpêtre	12	70,59
	Soufre	3	17,76
	Charbon	2	11,65
5. Poudre de bombardes pas trop ancienne	Salpêtre	9	64,28
	Soufre	2	14,28
	Charbon	3	21,43
6. Poudre d'escopettes assez moderne	Salpêtre	4	66,67
	Soufre	1	16,67
	Charbon	1	16,67
7. Poudre de bombardes la plus moderne	Salpêtre	20	60,61
	Soufre	3	9,09
	Charbon	10	30,30
8. Autre poudre de bombardes des plus modernes	Salpêtre	100	68,49
	Soufre	10	6,85
	Charbon	36	24,66

dosages à un même poids total était déjà senti par Tartaglia ; on en aura la preuve dans la question suivante ; cependant il n'a pas usé de ce moyen simple de rendre son tableau plus facilement instructif. (*Note du traducteur.*)

DÉSIGNATION DES POUDRES.	NOMS ET PROPORTIONS EN POIDS DES ÉLÉMENTS suivant la désignation de Tartaglia.		calculés pour 100 parties de poudre.
		PARTIES.	PARTIES.
9. Grosse poudre moderne	Salpêtre	100	63,69
	Soufre	20	12,74
	Charbon	37	23,57
10. Poudre fine pas très-ancienne.	Salpêtre	9	50,00
	Soufre	3	16,67
	Fleur de mirochea	6	33,33
11. Grosse poudre plus moderne	Salpêtre	2	50,00
	Soufre	1	25,00
	Charbon de saule	1	25,00
12. Poudre d'arquebuse plus moderne	Salpêtre	3	60,00
	Soufre	1	20,00
	Charb. de jeunes branches de saule	1	20,00
13. Poudre fine plus moderne	Salp. plusieurs fois raffiné	5	71,43
	Soufre	1	14,29
	Charb. de jeunes baguettes de coudrier	1	14,29
14. Grosse poudre plus moderne.	Salp. raffiné	3	50,00
	Soufre	1	16,67
	Charb. de saule	2	33,33
15. Poudre moyenne plus moderne	Salp. raffiné	10	66,67
	Soufre	2	13,33
	Charb. de saule	3	20,00

DÉSIGNATION DES POUDRES.	NOMS ET PROPORTIONS EN POIDS DES ÉLÉMENTS. suivant la désignation de Tartaglia.		calculés pour 100 parties de poudre.
		PARTIES.	PARTIES.
16. Poudre d'arquebuse, moderne.	Salp. plusieurs fois raffiné.	10	83,33
	Soufre.	1	8,33
	Charbon de baguettes de nizola écorcées.	1	8,33
17. Poudre d'escopette plus moderne.	Salp. raffiné.	27	79,41
	Soufre.	3	8,82
	Charbon de baguettes de nizola écorcées.	4	11,77
18. Poudre d'escopette plus forte et plus moderne	Salp. raffiné.	7	77,78
	Soufre.	1	11,11
	Charb. de baguettes de nizola écorcées et jeunes	1	11,11
19. Poudre d'escopette plus fine et plus forte	Salp. plusieurs fois raffiné.	8	80,00
	Soufre.	1	10,00
	Charbon de baguettes de nizola jeunes et écorcées.	1	10,00
20. Poudre grosse moderne	Salpêtre.	4	66,67
	Soufre.	1	16,67
	Charb. de saule blanc (saligaro).	1	16,67
21. Poudre grosse moderne	Salpêtre	20	68,97
	Soufre.	4	13,79
	Charbon de saule blanc (saligaro).	5	17,24

DÉSIGNATION DES POUDRES.	NOMS ET PROPORTIONS EN POIDS DES ÉLÉMENTS.	
	suivant la désignation de Tartaglia.	calculés pour 100 parties de poudre.
	PARTIES.	PARTIES.
22. Poudre d'escopette moderne.	Salp. raffiné par la voie sèche 48	76,19
	Soufre citrin (cetrino). . 7	11,11
	Charbon de *nizolaro* ou de tiges de chanvre sèches, (*legni del canevo sechi*) . . . 8	12,70
23. Poudre d'escopette moderne.	Salpêtre raffiné 18	78,26
	Soufre. 2	8,70
	Charbon de bois de *nizolaro*. . 3	13,04

Au moyen de ce tableau votre révérence peut se faire une idée du grand nombre de déterminations différentes par lesquelles on est passé, quant à la fixation des proportions des 3 éléments de la poudre.

LE PRIEUR. Certes, il y a lieu de s'étonner d'un si grand nombre de variations dans les dosages, et je ne puis me rendre compte des raisons qui ont guidé dans ces déterminations.

TARTAGLIA. Quelques-uns croient que le hasard seul a conduit à l'invention de la poudre ; pour moi je ne le pense pas, et je suis au contraire persuadé que la première découverte a été le fruit du raisonnement, de la méditation, c'est-à-dire que l'on a été conduit théoriquement à penser que les 3 matières bien pulvérisées et mélangées ensemble devaient être propres à produire un feu vif et inextinguible jusqu'à l'entière consomption de toute la matière, parce qu'il y a des raisons sensibles pour que les choses se passent ainsi. Mais quant à la détermination précise de la meilleure proportion à employer pour les trois ingrédients, je crois que l'expérience seule y a conduit. Car, dans le premier dosage adopté, on s'est réglé sur la proportion d'égalité, puisque nous voyons que l'on a pris la même quantité de chacun des trois éléments. Plus tard, et bien que la poudre ainsi obtenue produisît peut-être quelques bons effets, étant employée en grande quantité, venant à considérer que cet effet était uniquement dû au salpêtre, on aura essayé un autre dosage en y faisant entrer une plus grande proportion de salpêtre que de chacune des deux autres matières, et l'on obtint en effet ainsi une poudre plus énergique que la première. Continuant ensuite à raisonner d'après les mêmes principes rationnels, quelques-uns ont varié successivement ce nouveau dosage jusqu'à nos jours. Sans doute, dans le nombre des dosages que nous avons rapportés, il y en a qui ont été réglés sans discernement et d'une manière peu rationnelle, et à cet égard je ne serais nullement étonné qu'il ne se soit trouvé quelques-uns des novateurs qui n'auront été inspirés que par le seul désir de faire autrement que les autres, et pour avoir l'air d'en savoir davantage, les uns changeant les proportions du charbon au soufre, de manière à faire prédominer tantôt le premier, tantôt le second de ces deux corps, les autres changeant à la fois les proportions des 3 matières, et adoptant des proportions tout étranges pour leur donner l'apparence d'avoir été déterminées avec plus de science et plus de profondeur d'esprit.

LE PRIEUR. Il en est à cet égard comme de certains auteurs qui, ne sachant dire et faire que ce que d'autres ont dit ou fait, mais rougissant parfois de paraître avoir appris quelque chose ou d'avoir fait des emprunts à d'autres, s'efforcent de modifier un peu la forme et le style.

TARTAGLIA. C'est cela même.

LE PRIEUR. Ce discours a été long, et je tiens à ce que nous en restions là aujourd'hui.

QUESTION HUITIÈME

Faite par le même signor, prieur de Barletta.

LE PRIEUR. Hier soir vous m'avez fait connaître combien, depuis un temps qui n'est pas très-long, on a fait varier le dosage ou la proportion des trois éléments qui entrent dans la composition de la poudre; aujourd'hui je vous demanderai de me dire lequel des divers dosages que vous m'avez indiqués, soit anciens, soit modernes, vous regardez comme étant le meilleur, c'est-à-dire comme donnant la poudre la plus parfaite et la plus forte.

TARTAGLIA. Il n'y a pas de doute que l'on ne doive regarder comme la plus forte ou la plus énergique celle dont le dosage contient la plus grande quantité de salpêtre comparativement au poids total. Par exemple, dans le premier des dosages rapportés, où il entre une partie de chacune des 3 matières, le salpêtre constitue un tiers du tout et les deux autres ensemble (le charbon et le soufre) forment les deux tiers restants. Dans le second, composé de 3 parties de salpêtre, 2 parties de soufre et 2 parties de charbon, le salpêtre entre pour les trois septièmes du tout, tandis que le soufre et le charbon entrent ensemble pour quatre septièmes, et attendu que la fraction trois septièmes est plus grande que la fraction un tiers, nous dirons que la poudre du second dosage est plus vive et plus énergique que celle du premier. Par une raison analogue, la poudre du troisième dosage sera plus forte que celle du second; car dans ledit troisième dosage il entre cinq huitièmes de salpêtre, lesquels cinq huitièmes sont beaucoup plus forts que trois septièmes. Le quatrième dosage contient douze dix-septièmes de salpêtre; or ce nombre douze dix-septièmes est plus grand que le nombre cinq huitièmes. Nous dirons donc encore que la poudre dudit quatrième dosage est plus forte que celle du troisième. Passant au cinquième dosage, nous voyons qu'il renferme neuf quatorzièmes de salpêtre, et comme le nombre neuf quatorzièmes est inférieur au nombre douze dix-septièmes, nous dirons que la poudre dudit cinquième dosage est moins bonne ou moins forte que celle du quatrième. Le sixième dosage contient deux tiers de salpêtre, et ce nombre deux tiers est plus grand que neuf quatorzièmes; nous conclurons donc que la poudre du sixième dosage est meilleure ou plus forte que celle du cinquième. En continuant à comparer ainsi deux dosages consécutifs, pour peu que l'on connaisse le calcul des fractions, il sera facile de connaître quel sera des deux le meilleur ou le pire, ou laquelle des deux poudres qui en sont formées est la plus forte ou la plus faible. On doit toutefois supposer dans chacune de ces comparaisons qu'il s'agit toujours d'une seule et même espèce de salpêtre. C'est ainsi pareillement que l'on pourra comparer les grosses poudres ou poudres à canon entre elles, et de même les poudres fines ou d'escopette entre elles; car il serait trop long de faire l'application de ces comparaisons sur tous les dosages du tableau considérés deux à deux.

LE PRIEUR. Dites-moi du moins le résultat final de toutes ces comparaisons en me faisant connaître quel est de tous les dosages indiqués celui qui donne la poudre la plus forte.

TARTAGLIA. C'est le dosage n° 16, celui dans lequel il entre 10 parties de salpêtre plusieurs fois raffiné, 1 partie de soufre et 1 partie de charbon de baguettes de nizola jeunes et mondées. Il y a deux raisons pour que la poudre ainsi composée soit plus forte que toutes les autres. La première c'est qu'elle renfermera cinq sixièmes de salpêtre, proportion plus grande qu'aucune autre proportion du salpêtre dans les dosages indiqués. La seconde c'est que le salpêtre que l'on y emploie est plusieurs fois raffiné, ce qui le rend plus parfait, et qu'en outre le charbon en est aussi plus parfait pour être préparé avec une matière plus légère et plus douce, ce qui le rend plus propre à prendre feu, et à le mieux conserver, et par conséquent plus apte ou mieux disposé à remplir son office avec vivacité.

LE PRIEUR. Je goûte beaucoup votre opinion, mais il me reste un doute à vous proposer, ce que je ferai demain soir, parce qu'il est trop tard aujourd'hui.

QUESTION SEPTIÈME

Faite par le même signor, prieur de Barletta.

LE PRIEUR. Hier soir, vous avez conclu que le seizième dosage de votre tableau donnait une poudre plus fine et plus énergique qu'aucun des autres, parce qu'il contient une plus grande proportion de salpêtre, proportion qui est celle des cinq sixièmes de la totalité. Maintenant je vous demande si l'on n'obtiendrait pas une poudre beaucoup plus vive et plus forte encore en y mettant plus de cinq sixièmes du même salpêtre, et par conséquent moins de un sixième pour le soufre et le charbon ensemble, le charbon étant aussi toujours de la même espèce.

TARTAGLIA. Il est indubitable qu'elle serait en effet plus vive et plus forte, si toutefois la moindre proportion de soufre et de charbon que l'on y mettrait était propre et suffisante à bien remplir l'objet que l'on en attend, savoir, à prendre feu vivement, ainsi qu'à le communiquer au salpêtre et à l'y maintenir jusqu'à sa complète résolution en flamme. Car si la quantité ou la proportion de ces deux matières était tellement faible, qu'elle fût impropre et insuffisante à remplir ce but, la composition serait inutile et de nulle valeur. Il est donc très-nécessaire d'être bien averti à cet égard. Certainement, s'il était possible de faire une poudre avec du salpêtre seul, en le prenant parfaitement pur, cette poudre serait plus forte que toute autre qui serait composée du même salpêtre auquel on aurait ajouté du soufre et du charbon ; mais comme la chose est impossible, parce que le salpêtre seul n'est ni propre ni suffisant à prendre feu avec la vivacité voulue en produisant une flamme vive, à l'instar du soufre, ni à conserver ce feu jusqu'à son entière combustion, à l'instar du charbon, il devient indispensable de l'associer aux deux autres matières, le soufre et le charbon, et de mettre de ces deux dernières une quantité telle, qu'elle soit propre et suffisante à bien remplir l'objet précité que l'on en attend.

LE PRIEUR. Je vous comprends parfaitement, et nous en resterons là ce soir.

QUESTION HUITIÈME

Faite par le même signor, prieur de Barletta.

LE PRIEUR. Hier soir, vous avez établi qu'en employant toujours la même espèce de salpêtre, le même soufre et le même charbon, la poudre que l'on en compose est d'autant meilleure et plus forte que la proportion du salpêtre est plus grande par rapport à celle du soufre et du charbon, pourvu toutefois que cette dernière, je veux dire celle du soufre et du charbon, ne descende pas jusqu'à n'être plus suffisante pour remplir l'objet que l'on s'en propose. Cette opinion je l'admets aussi; mais je remarque qu'elle ne saurait être prise d'une manière absolue, ou être appliquée également à toute espèce de bouche à feu; car on sait qu'en général les escopettes demandent une poudre plus fine que les arquebuses, que les arquebuses en demandent une plus fine que les mousquets (*moschetti*) (1) et les fauconneaux, que les fauconneaux en demandent une meilleure que les autres espèces de bouches à feu plus grosses. En conséquence je demande s'il ne conviendrait pas de restreindre ce dosage et cette finesse de poudre à certaines espèces seulement de bouches à feu.

TARTAGLIA. Quant à moi, il ne me semble pas que cela soit chose nécessaire, bien que l'usage en soit établi. J'ai même là-dessus l'idée que cet usage est une erreur, et une erreur beaucoup plus grave que celle que nous avons eu occasion de relever dans la question onzième du premier livre, au sujet des coulevrines et de leurs canons.

LE PRIEUR. Mais alors comment voudriez-vous que l'on fît?

TARTAGLIA. Pour le moment je m'abstiendrai de toute réponse précise sur cette question; je veux auparavant l'étudier un peu mieux, et j'espère vous faire ensuite reconnaître dans cette matière une erreur qui en entraîne d'autres à sa suite, plus graves par les inconvénients, le dommage,

---

(1) Le mousquet dont il s'agit ici était une bouche à feu d'un petit calibre, et non encore l'arme portative qui a depuis été désignée sous ce nom. (*Note du traducteur.*)

la dépense qu'elles occasionnent, que celle de l'existence des coulevrines à côté de leurs canons, sur laquelle nous nous sommes longuement étendus dans la question onzième précitée du premier livre.

LE PRIEUR. Approfondissez donc bien ce sujet, car ce sont de ces choses qui, à la longue, ont une grande importance, et souvent des conséquences plus graves qu'on n'est porté à le penser d'abord (1).

---

(1) Tartaglia n'est pas revenu sur cette question qu'il s'était promis d'étudier; toutefois, en rapprochant le peu qu'il en dit ici de ce qu'il dit à l'occasion du grenage (*question* 10e), en tant que contribuant à augmenter la vivacité et l'énergie de la poudre, on est porté à croire qu'il était préoccupé de l'idée qu'il conviendrait d'adopter pour les canons une poudre vive et forte comme celle des petites armes, et qu'il faudrait aussi grener cette poudre, bien qu'il reconnaisse l'inutilité de ce grenage sous le rapport qui l'aurait fait adopter pour les petites armes, selon sa manière de voir. Lorsqu'on lui parle du danger qu'il y aurait pour les bouches à feu d'employer des poudres vives et fortes, il répond que l'on pourrait diminuer la charge. Il dit à la vérité aussi qu'il y aurait encore la ressource de diminuer la dose du salpêtre raffiné, que l'on emploierait en faisant la poudre à canon avec les mêmes matières que celles qui étaient employées pour les poudres fines, ainsi que le grenage; mais ceci n'était évidemment qu'une réponse à l'objection toute particulière faite à l'occasion du grenage.

Quoi qu'il en soit, comme l'idée d'employer pour les grosses bouches à feu des poudres très-énergiques, sauf à diminuer la charge, a été reproduite de nos jours, il paraît à propos de signaler ici succinctement le danger de cette idée sous le rapport de la conservation des bouches à feu. Nous disons donc que si une certaine

QUESTION NEUVIÈME

Faite par un certain Jérôme, se disant sous-officier (sotto-capo) d'artillerie dans l'île de Chypre.

JÉROME. Quelle est, à votre avis, la raison pour laquelle on graine la poudre fine, c'est-à-dire celle des escopettes

---

poudre très-vive, très-forte, est dangereuse pour une bouche à feu, à la charge C, qui sera, par exemple, celle du tiers du poids du boulet, cette même poudre sera encore dangereuse, et presque également dangereuse, pour la même bouche à feu, quoique employée à la charge moindre *c*, qui sera, par exemple, celle du quart du poids du boulet, le mode de chargement étant d'ailleurs supposé le même dans les deux cas, en sorte que l'espace dans lequel le fluide élastique de la poudre doit se répandre avant d'agir sur le boulet soit l'espace même occupé par la poudre.

Pour indiquer toutes les faces sous lesquelles il paraîtrait convenable d'envisager cette question, divisons par la pensée la grande charge C en deux parties *c* et C—*c*; puis supposons un instant, pour examiner la question sous un premier point de vue, que la partie C—*c* de la grande charge, au lieu d'être de la poudre, soit simplement une masse incombustible et compacte ajoutée au poids P du projectile. Dans cette hypothèse, on ne peut nier que la quantité *c* de poudre n'ayant à vaincre, dans le cas de la petite charge, qu'une résistance égale à P, tandis qu'elle doit vaincre, dans le cas de la grande charge, une résistance égale à P + C—*c*, doit exercer dans ce deuxième cas un plus grand effort contre les parois de l'âme à son emplacement primitif. Mais comme en général la quantité C—*c* est fort petite par rapport à P (elle est de un douzième P dans la supposition faite précédemment que les charges C et *c* étaient respectivement du tiers et du quart du poids du boulet), il semble aussi que l'auget des arquebuses, tandis que l'on ne graine pas la grosse poudre destinée pour les bouches à feu?

---

mentation de l'effort exercé par la poudre, due à cette aggravation de la résistance, ne doive pas être bien considérable.

Restituons maintenant à la partie C—c de la résistance opposée à la partie c de la grande charge la porosité qu'elle a nécessairement, puisqu'elle se compose de grains de poudre, mais continuons encore de faire abstraction de la combustibilité de cette partie ajoutée à la résistance; alors les fluides élastiques de la poudre c trouvant plus d'espace pour se développer dans le cas de la grande charge que dans le cas de la petite, avant le premier déplacement du projectile, on est forcé de reconnaître que, sous le nouveau point de vue que nous considérons, l'effort supporté par la pièce autour de la partie c de la grande charge, au lieu d'augmenter sera diminué par l'effet de l'augmentation de cette charge, et il resterait à savoir jusqu'à quel point cette diminution de l'effort supporté compenserait l'augmentation d'effort provenant de l'aggravation de la résistance, question qui dépend naturellement du plus ou moins de vide que laissent entre eux les grains de la poudre, ou du rapport de la densité gravimérique de cette poudre à sa densité réelle.

Restituons enfin à la partie C—c de la grande charge la propriété qu'elle a de se convertir aussi en fluides élastiques, et supposons même qu'elle brûle tout entière avant le déplacement du projectile, hypothèse évidemment défavorable à la conséquence que nous voulons établir. Dans ce cas même, il est clair qu'il n'y a, *a priori*, aucune raison pour que la pression que le gaz développé par la grande charge, en arrière du boulet, exerce sur l'unité de surface, soit plus grande que celle du gaz développé par la petite charge, à moins de prétendre que la température des gaz produits par la grande charge sera plus élevée que celle des gaz produits par la petite charge, ce qui ne serait qu'une hypothèse à peu près gratuite.

Remarquons encore que dans le cas des poudres instantanées, ou seulement assez vives pour que l'inflammation de la charge C se fasse dans le même temps que celle de la charge c, il n'y aurait plus de raison de tenir compte d'une augmentation de résistance du coté du projectile, par l'effet de l'augmentation de la

TARTAGLIA. Je sais très-bien que la cause de cette particularité ne vous est point inconnue, et que ce n'est point pour l'apprendre de moi que vous me faites cette question; en un mot, que vous me la faites uniquement dans la vue de m'éprouver.

JÉROME. Vous êtes dans l'erreur, je vous la demande afin de l'apprendre et nullement pour vous éprouver. Non-seulement je confesse que j'ignore ce point, je veux dire la raison pour laquelle on graine dans un cas, et pas dans l'autre, mais je vous jure, foi de bon chrétien, que je me suis informé à ce sujet auprès de plusieurs personnes faisant des poudres de toute sorte, et employées à cet effet par le gouvernement (*provisionati dalla signoria*). Aucun d'eux, jusqu'à présent, n'a su m'assigner la moindre raison de ce fait, si ce n'est toutefois celui qui travaille ici dans l'arsenal de Venise, lequel m'a répondu que la poudre grenée était plus vive et plus énergique. Cette explication me satisfait un peu, mais pas autant que je le voudrais, et c'est pour cela que je m'adresse à vous pour que vous m'éclairiez mieux sur

---

charge. Ainsi, en dernière analyse, bien que l'effort total développé par la charge C soit plus grand que l'effort total exercé par la charge c, et que par suite la vitesse du projectile doive en être augmentée à cause de la longueur de l'âme, néanmoins on peut dire que le maximum d'effort supporté sur l'unité de surface par la paroi de l'âme autour de la charge, est, à très-peu de chose près, le même avec les petites charges qu'avec les grandes, le mode de chargement étant le même.

Dans le raisonnement ci-dessus, on a fait abstraction de la diminution d'épaisseur des pièces autour de la partie antérieure de la grande charge. En rétablissant ce point de fait défavorable aux grandes charges, c'est à lui que se réduirait tout ce que l'on peut dire de positif en faveur de la diminution des charges relativement à la résistance des bouches à feu. (*Note du traducteur.*)

ce point, et en outre pour voir si votre opinion est d'accord avec la sienne.

TARTAGLIA. C'est à peine si je puis encore en croire ce que vous me dites; tant il me paraît peu vraisemblable qu'un homme qui exerce un état fasse rien qu'il n'en sache le motif, et surtout à l'égard de choses qu'il fait continuellement, et tous les jours.

JÉROME. Je puis vous affirmer qu'il ne saurait assigner aucune autre raison meilleure que celle que je vous ai dite.

TARTAGLIA. Avant de vous dire ce que je pense sur ce sujet, je désire que vous retourniez chez lui et que vous le priiez en grâce de vous indiquer la véritable raison pour laquelle on réduit la poudre en grains.

JÉROME. Il ne m'en donnera pas d'autre, et je suis bien sûr qu'il me répétera que le grenage la rend plus vive et plus forte.

TARTAGLIA. S'il vous le répète, faites-lui l'observation que voici : puisque le grenage rend la poudre plus vive et plus forte, ne ferait-on pas bien de grener aussi la grosse poudre, je veux dire la poudre à canon, pour la faire devenir aussi plus vive et plus forte.

QUESTION DIXIÈME

Faite par le même Jérôme.

JÉROME. En vous quittant hier, je suis allé sur-le-champ à l'arsenal, pour retrouver mon ami, et le prier, s'il savait quelque autre raison que celle qu'il m'avait donnée, qu'il voulût bien ne pas m'en faire un secret; que je lui serais très-obligé de me la communiquer. Il m'a juré qu'il ne savait aucune autre raison que celle qu'il m'avait déjà dite, c'est-à-dire qu'on grenait la poudre afin d'en augmenter l'énergie, ou de la faire devenir plus vive et plus forte. Je lui ai dit alors ce que vous m'avez prescrit : ne serait-il pas bon de grener aussi la poudre destinée aux pièces d'artillerie, ou, comme on dit, la grosse poudre, pour la rendre, elle aussi, plus vive et plus forte qu'elle n'est. Là-dessus il m'a répondu qu'il y aurait du danger de faire crever les pièces. Et voilà tout ce que j'en ai pu tirer.

TARTAGLIA. Vous auriez dû lui faire observer qu'on pourrait charger les pièces avec une moindre quantité de poudre qu'à l'ordinaire, et que ce serait autant de gagné ; ou bien que l'on pourrait diminuer la proportion du salpêtre.

JÉROME. Cette idée ne m'est pas venue. Mais tenez, tous les poudriers font ce qu'ils ont vu faire à d'autres, ou ce qui leur a été appris, et ils s'inquiètent fort peu de chercher ou de savoir les causes de ce qu'ils font, c'est-à-dire les raisons pour lesquelles ils opèrent d'une manière plutôt que d'une autre. Et cela, je le dis de moi comme des autres. Car, moi aussi, j'ai fait de la poudre, tant grosse que fine ; et quand j'en faisais de la fine, je la grenais comme il est d'usage, bien que je ne susse et qu'aujourd'hui encore je ne sache pas le motif de ce grenage. Je me conformais en cela à ce que je voyais faire à tous les autres.

TARTAGLIA. Je crois bien que la chose est comme vous le dites.

JÉROME. De grâce donc, faites-moi connaître votre opinion sur cette question.

TARTAGLIA. Vous ayant en quelque sorte promis de vous la donner, il est de mon devoir de vous satisfaire. Je vous dirai donc qu'hier, après votre départ, j'ai réfléchi sur la matière, et que j'ai trouvé en effet que la nécessité seule, ou la commodité du service avait engagé les hommes à chercher le moyen de granuler la poudre d'escopettes et d'arquebuses et non celle des pièces d'artillerie, parce que la poudre grenée est beaucoup plus coulante que celle qui ne l'est pas, de même qu'une poignée de froment en grains est plus coulante qu'une poignée de farine. Ainsi, par exemple, si l'on met sur une table horizontale, d'une part une poignée de froment, et de l'autre une poignée de farine; puis, qu'on vienne à lever un peu cette table d'un côté, pour l'incliner, il n'y a pas de doute que le froment ne coule plus facilement au bas de la pente que ne le fera la farine; celle-ci restera plus longtemps attachée et comme immobile sur la table, et lorsque, par suite d'une grande inclinaison donnée à cette table, elle viendra à couler à son tour, elle le fera tout à la fois, tandis que le froment coule par parties désunies.

JÉROME. Je comprends très-bien cela, mais où est l'avantage de cette propriété de couler?

TARTAGLIA. Ne savez-vous donc pas que celui qui porte une escopette ou une arquebuse pour s'en servir, doit aussi porter en même temps de la poudre pour les charger au besoin, et que cette poudre se met dans des flasques (1) où il y a, pour pouvoir prendre chaque fois une mesure déterminée de poudre, un petit tuyau saillant destiné à recevoir la quantité de poudre qui doit composer la charge de l'escopette ou de l'arquebuse, avec un certain mécanisme qui sert à le refermer du côté intérieur, lorsqu'il a été rempli, pour que la poudre que l'on y a fait passer ne puisse en sortir et retomber dans la flasque.

---

(1) Ancien nom des poires à poudre. (*Note du traducteur.*)

JÉROME. Je sais tout cela, et vous pouviez vous éviter la peine de me le dire.

TARTAGLIA. Quoique je n'ignorasse pas que vous saviez tout cela mieux que moi, j'ai voulu vous le rappeler pour que vous pussiez mieux comprendre ce que j'ai à vous expliquer. Maintenant je conclus en disant que si la poudre que l'on met dans lesdites flasques n'était pas grenée, on aurait de la peine à remplir le petit tuyau dont je parlais tout à l'heure, parce que, en retournant la flasque pour le remplir, la poudre de la flasque tomberait en quelque sorte tout à la fois sur l'entrée de ce tuyau, y emprisonnant ou condensant ainsi tout l'air qui s'y trouvait à l'état vide, et empêchant la poudre d'y pénétrer, si bien que le plus souvent ce tuyau resterait vide de poudre, en tout ou en partie. Cet inconvénient n'a pas lieu de même en employant de la poudre grenée, parce que cette espèce de poudre coule peu à peu par parties dans le tuyau (comme je l'ai dit en parlant du froment et de la farine), et permet ainsi à l'air qui le remplissait, de passer dans la flasque et d'y occuper la place qu'occupait la poudre entrée dans le tuyau. Par là le plus souvent ledit tuyau se remplira convenablement, et c'est par cette raison que l'on a été amené à l'obligation de granuler la poudre des escopettes et des arquebuses. La même obligation n'existe pas à l'égard des pièces d'artillerie, qui, comme vous le savez, se chargent au moyen d'une cuiller, avec laquelle on l'introduit jusque dans le fond de l'âme. Pour cela la poudre n'a nul besoin d'être coulante, et partant le grenage est une chose inutile pour la poudre à canons. A l'égard de la poudre d'amorces avec laquelle on met le feu aux charges, celle qui sert pour les escopettes et les arquebuses, qui est extrêmement fine, et que l'on porte ordinairement, comme vous savez, dans une très-petite flasque, si cette poudre n'était pas grenée elle ne pourrait sortir de l'ouverture extrêmement étroite de la flasque, par les mêmes raisons que ci-dessus, et par conséquent on a été aussi obligé de grener cette poudre et de la grener très-fin. Il n'en est pas de même de la poudre d'amorces destinée aux pièces d'artillerie, puisque, selon ce que l'on m'a dit, vous la mettez avec la main.

JÉROME. Cela est vrai, et certainement vos raisons sont raisons d'évangile. Jamais je n'aurais pensé que ce fût là la cause qui a conduit à grener la poudre. Je suis enchanté de l'avoir apprise, et je ne croirais pas l'avoir achetée trop cher si je l'eusse payée 10 écus. Aussi, je vous en remercie de tout mon cœur (1).

---

(1) Jusques à quand la poudre à canon a-t-elle été employée en Italie sans être grenée? De Vigenère dont l'ouvrage n'a été publié qu'après sa mort arrivée en 1596 (traduction d'Onosandre avec annotation, Paris 1605), De Vigenère, disons-nous, la donne comme étant encore à l'état de farine à l'époque où il écrivait, ce qui, à en juger par un passage de son livre, pourrait bien remonter au temps de Henri II et serait peu éloigné du temps de Tartaglia. Du temps de Luis Collado (dont l'ouvrage déjà cité a paru pour la première fois en 1586), cette même poudre à canon d'Italie était grenée ; toutefois il dit encore qu'en cas de presse on peut se dispenser de cette opération, que la poudre non grenée peut produire de bons effets quoique non au même degré que la poudre grenée (Voir 4e Traité, chapitre 32). Gentilini dans son *Instruttione di Artiglieri*, Venise 1598, dit aussi que la poudre à canon était grenée, mais en gros grains. Voilà tous les renseignements qui sont venus jusqu'ici à ma connaissance sur cette question. (*Note du traducteur.*)

FIN DU LIVRE TROISIÈME

APPENDICE.

Nous avons vu dans l'Épître dédicatoire de la *Science nouvelle*, et dans la première question du livre 1er des *Recherches et Inventions diverses*, que Tartaglia dit positivement qu'il avait trouvé une relation entre les portées et les angles d'élévation des pièces, au moyen de laquelle, connaissant une portée sous un angle quelconque, il pouvait en déduire par le calcul la portée sous tout autre angle, avec la même pièce et la même charge.

Malheureusement pour l'histoire de la science, Tartaglia n'a pas fait connaître cette relation dans ses ouvrages imprimés. Est-ce uniquement par le désir de conserver le secret d'une telle connaissance aux seuls défenseurs de sa patrie (ce qu'il croyait chose possible), tout en la mettant à profit dans les applications (voir les endroits déjà cités de ses ouvrages); ou bien a-t-il été mu, comme l'a donné à entendre l'auteur de l'article *Trajectoire* du Dictionnaire d'artillerie de Cotty, par le sentiment de l'insuffisance de sa méthode; c'est ce que nous ne chercherons pas à approfondir. Nous ferons seulement remarquer que, selon toute apparence, cette relation était tout empirique; car l'état de la science, au milieu du 16e siècle (si bien mis au jour dans l'ouvrage même de Tartaglia), ne permettait pas de la déduire d'une solution directe du problème de la trajectoire. Il est même à remarquer que les auteurs des traités d'artillerie n'en donnent pas d'autres que de cette espèce, longtemps encore après Galilée (1638), après Torricelli et Mersenne (1644), et même après Blondel (1683), qui ont les premiers déduit la science du mouvement des projectiles des lois de la pesanteur (en faisant toutefois abstraction de la résistance de l'air).

Pour donner une idée de ce que pouvait être la relation qu'avait trouvée Tartaglia, dès avant 1537, entre les portées et les angles de tir, nous croyons devoir exposer ici les deux plus anciennes règles que nous ayons trouvées dans les auteurs, pour déduire les portées des angles de tir, et réciproquement. La première est décrite dans le *Tratado de la artilleria* du capitaine d'artillerie espagnole, Diego Ufano, ouvrage qui, d'après l'Epître au comte de Buquoy, qui le précède, était rédigé en mai 1611, mais qui ne paraît avoir été imprimé pour la première fois qu'en 1613. Il résulte clairement de la manière dont cette règle y est exposée, qu'elle n'était pas de l'auteur, qui la donne telle qu'elle était enseignée de son temps dans les écoles.

Nous avons trouvé la seconde dans la *Balistique* du père Mersenne, ouvrage écrit en latin et publié en 1644. Mersenne la donne comme lui ayant été communiquée par un nommé *Galée*, qui en aurait fait l'expérience devant plusieurs personnages remarquables, et notamment devant le même comte de Buquoy, déjà cité à l'occasion de la méthode d'Ufano. Mersenne d'ailleurs prévient que, suivant des personnes de son temps, Galée n'aurait pas été l'inventeur de cette seconde méthode, qui serait due originairement à un nommé Coignet.

Ajoutons que Blondel a aussi fait connaître ces deux anciennes méthodes dans son *Art de jeter les bombes*, publié en 1683.

Pour ne pas nous exposer à donner une idée fausse de la manière dont les savants mathématiciens d'alors arrivaient à leurs découvertes, ou en exprimaient les résultats, nous laisserons d'abord parler *Ufano*.

« La règle ordinaire (dit-il) que l'artilleur doit suivre pour connaître la portée d'une pièce d'une espèce et d'un calibre quelconques, pour chaque point ou chaque degré du quart de cercle, consiste à se procurer d'abord expérimentalement la portée de cette pièce, pointée suivant sa ligne de mire naturelle. On divise alors cette portée par 50 et l'on multiplie le quotient par 11. Le produit donne la quantité du décroissement (*degresion*) total. En le divisant par 44, nombre des degrés moins un, jusqu'à l'angle de plus grande portée, on obtient ce qu'il faut retrancher de ce décroissement, en passant d'un degré au suivant. »

Si nous avons bien traduit notre auteur, il s'en faut qu'il y ait dans cet exposé de la règle à suivre la clarté nécessaire pour la mettre en pratique; mais l'application qu'il en fait immédiatement après à un exemple particulier la fait parfaitement comprendre. Cet exemple est celui du canon de batterie, dont le calibre était de 40, et dont la portée de but en blanc naturel était de 1000 pas communs.

« Divisant ces 1000 pas par 50, on obtient au quotient 20, qui multipliés par 11 donnent 220 pour le décroissement total (*la total degresion*) de 44 degrés. Divisant par ce nombre de 44 degrés, il vient au quotient 5, qui est ce que la pièce portera de moins d'un degré à l'autre. »

D'après cela, l'auteur donne numériquement toutes les portées du canon de batterie, telles qu'elles sont indiquées dans le tableau ci-après, où le lecteur n'aura pas de peine à reconnaître la vraie loi qui unit chaque terme au suivant. Voici ce tableau :

Angles.	Portées en pas communs.	Angles.	Portées en pas communs.
But en blanc.		But en blanc.	
1°	1,000	24	4,795
2	1,220	25	4,900
3	1,435	26	5,000
4	1,645	27	5,095
5	1,850	28	5,185
6	2,050	29	5,270
7	2,245	30	5;350
8	2,435	31	5,425
9	2,620	32	5,495
10	2,800	33	5,560
11	2,975	34	5,620
12	3,145	35	5,675
13	3,310	36	5,725
14	3,470	37	5,770
15	3,625	38	5,810
16	3,775	39	5,845
17	3,920	40	5,875
18	4,060	41	5,900
19	4,195	42	5,920
20	4,325	43	5,935
21	4,450	44	5,945
22	4,570	45	5,950
23	4,685		

Dans l'application que fait Ufano de cette même règle au tir des mortiers, ne pouvant pas la faire partir de la portée du but en blanc naturel, il la fait partir, on ne sait pourquoi, de celle qui répond à l'angle de 0°, ou au tir horizontal, au lieu de la faire partir de celle qui répond à l'angle de 1°, comme dans le cas du canon. Ufano n'entre à cet égard dans aucune explication, pas plus qu'il n'en a donné plus haut pour motiver le choix du coefficient 11 cinquantièmes de la portée de but en blanc pour former la base de la progression. Après avoir dit que le mortier qu'il prend pour exemple portait à 200 pas, l'axe étant horizontal, il donne tous les nombres dont nous avons composé la table suivante. Il est aisé de voir, malgré les erreurs qui affectent les 17 derniers, qu'ils ont été obtenus par la même règle que ci-dessus, car les 11 cinquantièmes de 200 font précisément 44, qui est le 1er terme de la progression des portées.

Nous ferons remarquer cependant que deux circonstances portent à croire que c'est par inadvertance (ou du moins par une considération qui aurait mérité d'être indiquée) que le capitaine Ufano dit que 200 pas sont la portée horizontale du mortier qu'il considère et non sa portée sous l'angle de 1°. D'une part, au temps d'Ufano les mortiers ne tiraient encore qu'à faibles charges, et on a de la peine à croire qu'un mortier, pointé horizontalement, eût porté de 1er jet à 200 pas de distance, étant monté sur un affût ordinaire à mortier. En second lieu, on voit que, pour avoir fait commencer à 0° la progression décroissante des différences consécutives des portées, au lieu de la faire commencer à 1°, il arrive à la fin de cette progression sous l'angle de 44°, en sorte qu'il est obligé à 45° de changer cette loi, ce qu'il fait en disant que de 44 à 45° il y a encore un pas de plus, comme de 43 à 44. Voici les chiffres qu'il donne.

Angles de tir.	Portées en pas communs.	Angles de tir.	Portées en pas communs.
0°	200	23	959
1	244	24	980
2	287	25	1000
3	329	26	1019
4	370	27	1037
5	410	28	1044
6	449	29	1050
7	487	30	1065
8	524	31	1079
9	560	32	1082
10	595	33	1094
11	629	34	1105
12	662	35	1115
13	694	36	1124
14	725	37	1132
15	755	38	1149
16	784	39	1155
17	812	40	1160
18	839	41	1164
19	865	42	1167
20	890	43	1169
21	914	44	1170
22	937	45	1171

Voyons maintenant le parti que l'on pourrait tirer, dans l'état actuel de la science du calcul, de la relation entre les portées et les angles que nous a transmise Ufano.

Désignons par m un angle de tir quelconque compris dans les limites de 0° et 45°, et par P_m la portée correspondante à cet angle, en sorte que m devenant successivement

0, 1, 2, 3 . . . 45 degrés P_m devienne respectivement P_0, P_1 P_2 . . . . . P_{45}.

La portée P_1 étant supposée connue, la première chose à faire, suivant Ufano, pour se procurer les autres était de calculer la quantité $\frac{11 P_1}{50 \times 44}$ ou $\frac{1}{200}$ P_1. Ce calcul fait on avait évidemment d'après la loi indiquée par les tableaux :

$$P_2 = P_1 + \frac{44}{200} P_1 = P_1 . \left[1 + \frac{1}{200} . 44\right]$$

$$P_3 = P_2 + \frac{43}{200} . P_1 = P_1 \left[1 + \frac{1}{200} . (44 + 43)\right]$$

$$P_4 = P_3 + \frac{42}{200} P_1 = P_1 \left[1 + \frac{1}{200} (44 + 43 + 42)\right]$$

$$P_m = P_1 \left[1 + \frac{1}{200} (44 + 43 + 42 + \ldots (44 - (m - 2)\right] \ldots\ldots \quad (A)$$

Cette dernière formule revient évidemment à cette autre

$$P_m = P_1 \left[1 + \frac{1}{400} (90 - m)(m - 1)\right] \ldots\ldots \quad (B)$$

qui donne immédiatement la valeur de la portée P_m quand on a celle de la portée P_1 relative à l'angle de 1°, ou répondant très-approximativement à celle du but en blanc naturel.

Réciproquement on pourrait calculer P_1 au moyen de P_m dans les mêmes hypothèses que ci-dessus, au moyen de la relation.

$$P_1 = \frac{P_m}{1 + \frac{1}{400} (90 - m)(m - 1)}$$

qui se déduit de l'équation (B). Et de plus on pourrait encore déduire de cette même équation la valeur de l'angle m, correspondant à une portée donnée P_m, connaissant en outre la portée de but en blanc naturel ou sous 1°, car on a

$$m=\frac{91\pm\sqrt{9521-1600\frac{P_m}{P_1}}}{2}$$

quantité toujours réelle et qui ne peut donner une valeur négative pour m que quand on a $31\,P_1 > 40\,P_m$ ou $P_m < 0,775\,P_1$.

La formule (B) donne également

$$P_n=P_1\left[1+\frac{1}{100}(90-n)(n-1)\right]$$

d'où l'on tire

$$\frac{P_m}{P_n}=\frac{100+(90-m)(m-1)}{100+(90-n)(n-1)} \ldots\ldots \text{(B)}$$

expression du rapport de deux portées quelconques relatives à des angles moindres que 45°. Cette expression, de même que celle de $\frac{P_m}{P_1}$ qui se déduit immédiatement de l'équation (B), est remarquable en ce qu'elle ne renferme d'autres variables que m et n, qui sont les grandeurs des angles de tir, en sorte que, dans la théorie que nous examinons, le rapport de deux portées quelconques est indépendant de la nature et du calibre de la bouche à feu, du poids du projectile, de celui de la charge, en un mot, de tout ce qui peut faire varier chacune des portées en particulier, à l'exception de l'angle de tir.

Malgré ces conséquences manifestement contraires à la nature des choses, quand on a égard à la résistance de l'air, au vent des projectiles, à la présence des chambres à poudre, etc., etc., malgré aussi l'hypothèse également inadmissible que l'angle de 45° est celui sous lequel les portées sont les plus étendues, on a été tenté de vérifier jusqu'à quel point la théorie que nous venons d'examiner s'écartait de la vérité, ne fut-ce que pour avoir une idée des approximations dont les anciens artilleurs se contentaient dans les applications de la théorie à la pratique (1). Nous emploirons d'abord pour nos comparaisons quelques résultats d'expériences récentes que l'on trouve dans l'*Aide-Mémoire* de 1836.

1° En 1833 on a tiré à Vincennes avec le mortier de 27^c à la Gomer sous les angles de 15° et de 12° avec la charge de 600 grammes de poudre. Les portées de première chute obtenues ont été de 245 et 188 mètres. En substituant ces deux

---

(1) On verra plus loin que les anciens artilleurs avaient compris que la relation des portées aux angles devait varier avec le calibre, et de quelle manière ils avaient cherché à faire entrer cette considération dans le calcul. Ils attribuaient aussi au plus ou moins de liberté du recul une grande influence sur l'étendue des portées. On voit, par exemple, dans le père Mersenne, qu'au dire de l'ingénieur Galée, dont on a précédemment parlé, la portée de première chute du canon, sans recul, surpassait la portée avec recul de un septième ou de un huitième, ou de un neuvième, ou de un dixième. Pour les pièces moindres l'augmentation est de une partie sur 12 ou 15.

nombres à P_m et P_n dans l'équation (C), et mettant en même temps 15 à la place de m et 12 à la place de n, on obtient pour la valeur du premier membre ou le rapport des portées réelles 1,308 et pour celle du second membre ou le rapport des portées calculées d'après la théorie 1,152. La différence entre ces deux résultats est de 0,156, ce qui fait une erreur de 12 pour 100 en moins du rapport réel.

2° Le même mortier de 27° a aussi été tiré à Vincennes à la charge de 650 grammes sous les angles de 15°, 12°, 10°, et les portées obtenues ont été respectivement de 250, 220 et 203 mètres. Le tableau ci-dessous fait voir d'un coup d'œil la différence entre les résultats de la théorie que nous examinons et ceux de l'expérience.

ANGLES DE TIR comparés 2 à 2.		RAPPORT DE LA PORTÉE P_m à la portée P_n.		DIFFÉRENCE pour 100.
m	n	d'après l'expér.	d'après la théorie.	
15	12	1,136	1,152	+ 1
15	10	1,231	1,294	+ 5
12	10	1,083	1,123	+ 4

3° Dans la même année 1833 on a aussi tiré le mortier de 22° d'abord sous les angles de 15 et 12 degrés avec une même charge de poudre, égale à 200 grammes, et ensuite sous les angles de 15, 12 et 10 degrés avec la charge de 250 grammes. Voici les résultats de la première expérience :

Angles . . . . . . 15° . . . . 12°
Portées. 153 135

Ceux de la seconde sont indiqués ci-après :

Angles . . . . 15° . . . . 12° . . . . 10°
Portées . . . . 220 . . . . 180 150

Le tableau ci-dessous présente les résultats de la comparaison entre la théorie et les deux nouvelles expériences que nous venons d'indiquer.

ANGLES DE TIR comparés 2 à 2.		RAPPORT DE LA PORTÉE P_m à la portée P_n.		DIFFÉRENCE pour 100.
m	n	expérience.	calcul.	
15	12	1,133	1,152	+ 2
15	12	1,222	1,152	— 6
15	10	1,467	1,294	— 12
12	10	1,200	1,123	— 6

Il résulte évidemment de l'ensemble des expériences de Vincennes sur les mortiers de 22c et 27c que nous venons de rapporter, que sous les angles compris entre 10° et 15° et avec les petites charges qui servent dans le tir à ricochet, la théorie empirique des anciens artilleurs pour déterminer les portées d'après les angles, et qui aurait pu servir aussi à déterminer les angles d'après les portées, ne s'écartait pas trop de l'expérience, les différences observées ci-dessus paraissant dans les limites des variations qui ont lieu continuellement dans le tir par des causes indépendantes de toute théorie et que l'on ne saurait éviter.

Pour ajouter quelque poids à ces conclusions nous allons présenter le résultat de la comparaison que fournissent les expériences tout à fait analogues faites à la même époque à l'école de la Fère sur les mêmes espèces de mortiers.

4° Mortier de 27c tiré à la charge de 850 grammes sous les angles de 15° et 10°. Les portées obtenues ont été de 369 et 298 mètres; leur rapport est de 1,238, la formule (C) donne pour ce rapport 1,294; différence pour 100, + 4, 5.

5° Le même mortier à la charge de 910 grammes a donné sous les angles de 12° et 8° des portées de 260 et de 302 mètres. Le rapport de ces portées est de 1,192. La théorie donne 1,291. Différence pour 100, + 8.

6° Mortier de 22c tiré à la charge de 460 grammes, sous les angles de 15° et de 12°; les portées ont été respectivement de 375 et de 365 mètres. Rapport 1,027; rapport calculé 1,152; différence pour 100, + 12.

7° Même mortier tiré à la charge de 430 grammes, avec les angles de 13° et 10°; on a obtenu des portées de 358 et de 300 mètres; rapport 1,193; rapport calculé 1,112; différence pour 100, — 6.

Passons à une autre bouche à feu.

8° On a éprouvé en 1830 à la Fère un obusier de 22 en fonte de fer, destiné au service des côtes; voici un extrait du tableau des résultats consignés dans l'*Aide-Mémoire*.

CHARGES.	PORTÉES DE L'OBUS SOUS LES ANGLES DE				
	1° 1/2	5°	10°	15°	18°
kil.	mèt.	mèt.	mèt.	mèt.	mèt.
2,50.	488	1199	1842	2323	2568
3,00.	526	1245	2026	2362	2598
3,50.	557	1364	2097	2495	2838

Le tableau suivant présente à la vue le résultat de la comparaison des rapports des portées observées combinées deux à deux, avec les rapports des mêmes portées calculées d'après la théorie de Diego Ufano.

CHARGES employées.	ANGLES DE TIR comparés 2 à 2.		RAPPORT DE LA portée Pm à la portée Pn.		DIFFÉRENCE pour 100.
	n	m	expér.	calcul.	
kil. 2,50	1° 1/2	5°	2,457	1,666	— 32
	1 1/2	10	3,775	2,521	— 33
	1 1/2	15	4,760	3,264	— 31
	1 1/2	18	5,262	3,656	— 30
	5	10	1,536	1,513	— 1,3
	5	15	1,937	1,959	+ 1,1
	5	18	2,142	2,194	+ 2,4
	10	15	1,261	1,294	+ 2,6
	10	18	1,393	1,450	+ 4,1
	15	18	1,105	1,120	+ 1,3
kil. 3	1 1/2	5	2,367	1,666	— 29
	1 1/2	10	3,852	2,521	— 35
	1 1/2	15	4,300	3,264	— 24
	1 1/2	18	4'939	3,656	— 26
	5	10	1,627	1,513	— 7
	5	15	1,897	1,959	+ 3,3
	5	18	2,087	2,194	+ 5,1
	10	15	1,165	1,294	+ 11
	10	18	1,282	1,450	+ 13
	15	18	1,100	1,120	+ 1,7

CHARGES employées.	ANGLES DE TIR comparés 2 à 2. n	m	RAPPORT DE LA portée Pm à la portée Pn. expér.	calcul.	DIFFÉRENCE pour 100.
kil. 3,50	1° 1/2	5°	2,449	1,666	— 32
	1 1/2	10	3,764	2,521	— 33
	1 1/2	15	4,479	3,264	— 27
	1 1/2	18	5,095	3,656	— 28
	5	10	1,537	1,513	— 1,5
	5	15	1,829	1,959	+ 7,1
	5	18	2,081	2,194	+ 5,4
	10	15	1,190	1,294	+ 8,7
	10	18	1,353	1,450	+ 7,1
	15	18	1,137	1,120	— 1,5

A l'exception de ceux des résultats de ce tableau qui se rapportent à la comparaison des portées sous l'angle de 1° et demi avec toutes les autres, on ne peut s'empêcher de reconnaître qu'ici encore il y a un accord assez satisfaisant entre la théorie de Diego Ufano et l'expérience. Mais il n'en est pas du tout de même à l'égard des rapports des portées sous l'angle de 1° et demi à celles de tous les autres angles employés dans l'expérience. Pour ce cas particulier, le défaut d'accord est tel, que la formule cesse tout à fait d'être applicable; et si cette observation se généralisait en s'étendant à tous les cas du tir très-rapproché de l'horizontale, il y aurait lieu de croire que la pensée de l'auteur de la règle exprimée par cette formule n'aurait jamais été de la faire servir à ce genre de tir pour lequel, depuis les temps les plus anciens, on a eu recours à l'emploi de hausses variables mises tantôt à la culasse, tantôt sur le bourrelet. Nous voulons dire que le choix fait du coefficient $\frac{11}{50\times44}$ ou $\frac{1}{200}$ qui, dans la formule (A) et dans celles qui s'en déduisent multiplie la progression arithmétique décroissante, aurait été réglé en vue de sacrifier l'exactitude de la formule dans un cas où elle ne devait pas servir, afin de la mieux assurer dans les cas où l'on n'avait pas d'autre moyen de régler l'inclinaison à donner aux pièces.

Afin de mieux éclaircir cette question et de trouver, s'il est possible, la limite des petits angles au-dessous de laquelle il n'y aurait pas lieu à employer la théorie qui nous occupe, continuons notre comparaison en nous aidant d'expériences dans lesquelles les petits angles de tir sont exprimés en degrés.

9° L'*Aide-Mémoire* de 1836 en contient une de ce genre qui a été faite à Vincennes, en 1831, avec le canon obusier en fonte de fer du calibre de 80, tiré à la charge de 80 kil. Sous l'angle de 45 minutes la portée a été de 580 mètres, et sous celui de 2° 45′ elle a été de 1,400 mètres. Le rapport de ces portées est de 2,414; la formule C donne 1,463; différence 0,951, qui font 39 centièmes du rapport d'expérience; elle est, comme on voit, du même ordre que celles que nous avons trouvées, pour le cas des petits angles, avec l'obusier de côtes de 1830.

Pour pousser plus avant la comparaison de la théorie que nous examinons avec l'expérience, nous serons obligé d'avoir recours à des expériences anciennes. On trouve dans

10° On trouve dans le traité d'artillerie de Scharnhorst qu'un canon de 24 prussien, tiré à la charge de 10 livres, a donné :

Sous les angles de	1°	2°	3°	4°	5°	6°
Des portées de . . . . . . (pas)	950	1350	1725	2050	2325	2500

Le tableau suivant, modelé sur ceux que nous avons dressés pour les expériences de Vincennes et de La Fère, n'a pas besoin d'explications.

ANGLES DE TIR comparés 2 à 2.		RAPPORTS DES PORTÉES P_m aux portées P_n.		Différence pour 100.
n	m	Expérience.	Calcul.	
1°	2°	1,421	1,220	— 13
1	3	1,816	1,435	— 21
1	4	2,159	1,645	— 24
1	5	2,447	1,850	— 24
1	6	2,632	2,050	— 22
2	3	1,278	1,176	— 8
2	4	1,518	1,348	— 11
2	5	1,722	1,517	— 12
2	6	1,852	1,680	— 9
3	4	1,188	1,146	— 3,5
3	5	1,348	1,290	— 4
3	6	1,449	1,429	— 1
4	5	1,134	1,125	— 0,8
4	6	1,219	1,246	+ 2
5	6	1,075	1,108	+ 3

La dernière colonne de ce tableau tend à prouver que, pour le canon de 24, le défaut d'accord de la théorie avec l'expérience ne s'étendrait pas beaucoup au delà de 1°. A partir de 3°, l'accord est déjà très-satisfaisant. On peut en dire à peu près autant du canon de 12. En effet :

11° Dans la même série d'expériences dont nous avons

extrait les données de la comparaison précédente, on trouve qu'un canon de 12 lourd prussien, tiré à la charge de 5 livres de poudre, a donné :

Sous les angles de.	1°	2°	3°	4°	5°	6°
Des portées de. . . . . . (pas)	880	1280	1655	1995	2280	2480.

Ces portées comparées 2 à 2 donnent naissance au tableau comparatif suivant :

ANGLES DE TIR comparés 2 à 2.		RAPPORTS DES PORTÉES P_m aux portées P_n.		Différence pour 100.
n	*m*	Expérience.	Calcul.	
1°	2°	1,454	1,220	— 16
1	3	1,881	1,435	— 24
1	4	2,267	1,645	— 27
1	5	2,591	1,850	— 29
1	6	2 818	2,050	— 27
2	3	1,293	1,176	— 10
2	4	1,559	1,348	— 14
2	5	1,781	1,517	— 15
2	6	1,936	1,680	— 13
3	4	1,205	1,146	— 5
3	5	1,378	1,290	— 6
3	6	1,499	1,429	— 7
4	5	1,143	1,125	— 2
4	6	1,243	1,246	+ 0,2
5	6	1,088	1,108	+ 2

12° Il a été fait à Douai, en 1771, une expérience comparative des portées de deux canons de 4, l'un long, l'autre court, l'un et l'autre en bronze. Les résultats, que nous rapportons d'après Schéel et autres auteurs, dans le tableau ci-après, sont des moyennes de cinq observations.

CHARGES employées.	PORTÉES DE 1re CHUTE EN TOISES SOUS LES ANGLES DE				
	(1)	3°	6°	10°	15°
livres.	Canon de 4 long,				
1 1/2	224	622	940	1058	1406
2	235	593	941	1129	1330
2 1/2	258	597	949	1139	1334
	Canon de 4 court.				
1 1/2	197	635	845	1094	1320
2	215	554	818	1034	1380
2 1/2	179	583	843	1142	1400

(1) Les auteurs qui parlent de ces expériences ne sont pas d'accord sur le plus petit des angles de tir dont on s'est servi. Les uns le font tout à fait nul; d'autres, d'après Schéel le font de 58″ ou près de 1°. Les portées comprises dans la première colonne paraissent trop fortes pour le tir à 0°, et trop faibles pour avoir été obtenues sous un angle de 58', le terrain étant censé horizontal dans l'un et l'autre cas. Dans l'incertitude où nous sommes sur ces diverses questions, faute d'avoir pu recourir au procès-verbal de l'épreuve, nous exclurons toutes les portées de cette première colonne de la comparaison résumée dans les deux tableaux ci-après :

Canon de 4 long.

CHARGES employées.	ANGLES DE TIR comparés 2 à 2.		RAPPORTS DES portées P_m aux portées P_n.		DIFFÉRENCE pour 100.
	n	m	Expérience.	Calcul.	
livres.					
1 1/2	3°	6°	1,511	1,429	— 5,4
	3	10	1,701	1,951	+ 14,7
	3	15	2,260	2,526	+ 11,8
	6	10	1,125	1,374	+ 22,1
	6	15	1,496	1,779	+ 18,9
	10	15	1,329	1,294	— 2,7
2	3	6	1,588	1,429	— 10,0
	3	10	1,904	1,951	+ 2,5
	3	15	2,243	2,526	+ 12,6
	6	10	1,200	1,374	+ 14,5
	6	15	1,413	1,779	+ 25,9
	10	15	1,178	1,294	+ 9,8
2 1/2	3	6	1,590	1,429	— 10,7
	3	10	1,910	1,951	+ 2,1
	3	15	2,234	2,526	+ 13,1
	6	10	1,200	1,374	+ 14,5
	6	15	1,406	1,779	+ 26,5
	10	15	1,171	1,294	+ 10,5

Canon de 4 court.

CHARGES employées.	ANGLES DE TIR comparés 2 à 2.		RAPPORTS des portées P_m aux portées P_n.		DIFFÉRENCE pour 100.
	n	*m*	Expérience.	Calcul.	
livres.					
1 1/2	3°	6°	1,331	1,420	+ 6,7
	3	10	1,723	1,951	+ 13,2
	3	15	2,079	2,526	+ 21,5
	6	10	1,295	1,374	+ 6,1
	6	15	1,562	1,779	+ 13,9
	10	15	1,207	1,294	+ 7,0
2	3	6	1,477	1,420	— 4,0
	3	10	1,866	1,951	+ 4,6
	3	15	2,490	2,526	+ 1,5
	6	10	1,263	1,374	+ 8,8
	6	15	1,687	1,779	+ 5,5
	10	15	1,335	1,294	— 3,1
2 1/2	3	6	1,446	1,420	— 1,8
	3	10	1,959	1,951	— 0,4
	3	15	2,401	2,526	+ 5,2
	6	10	1,355	1,374	+ 1,4
	6	15	1,661	1,779	+ 7,1
	10	15	1,226	1,294	+ 5,5

En somme, dans ces deux derniers tableaux, l'accord de la théorie avec l'expérience est assez satisfaisant quand on prend en considération les irrégularités du tir, inséparables de la pratique. Il y a d'ailleurs lieu de croire qu'il eût été plus satisfaisant encore si les moyennes des portées comparées eussent été déduites d'un plus grand nombre de coups tirés. Les résultats de la pièce courte sont moins irréguliers que ceux de la pièce longue, et l'on croit y voir que l'accord du calcul avec l'expérience augmente à mesure que la charge augmente.

13° Pour pousser aussi loin que possible la vérification de la théorie des anciens artilleurs, appliquons encore la formule (C) ou

$$\frac{P_m}{P_n}=\frac{400+(90-m)(m-1)}{400+(90-n)(n-1)}$$

à des expériences dans lesquelles les angles de tir ont été poussés jusqu'à la limite supérieure de 45° que cette formule comporte. La première dont nous parlerons, rapportée entre beaucoup d'autres, dans le traité d'artillerie de Scharnhorst, a été faite en Danemark, en 1789, sur un obusier de 5, du poids de 520 livres, ayant 7 calibres 3 quarts de longueur y compris la chambre tronconique qui avait 2 calibres de long, un demi-calibre de diamètre au fond et $^5/_6$ de calibre de diamètre à l'entrée. Les obus pesaient 10 livres. Les portées indiquées dans le tableau ci-dessous sont des moyennes de 4 à 6 coups.

CHARGES employées.	PORTÉES DE 1re CHUTE EN PAS SOUS LES ANGLES DE					
	1°	3°	7°	15°	30°	45°
livres.						
1/2	170	350	750	1400	2100	2100
3/4	312	450	950	1600	2500	2600
1 1/2	600	1000	1559	2500	—	3500

En comparant deux à deux les portées relatives à une même charge, on obtient les 3 tableaux suivants :

1° A LA CHARGE DE 1/2 LIVRE.

ANGLES DE TIR comparés 2 à 2.		RAPPORTS DES PORTÉES P_m aux portées P_n.		Différence pour 109.
n	m	Expérience.	Calcul.	
1°	3°	2,059	1,435	— 30
1	7	4,412	2,245	— 49
1	15	8,235	3,625	— 56
1	30	12,353	5,350	— 57
1	45	12,353	5,950	— 52
3	7	2,143	1,564	— 37
3	15	4,000	2,526	— 37
3	30	6,000	3,729	— 38
3	45	6,000	4,147	— 31
7	15	1,867	1,615	— 13,5
7	30	2,800	2,381	— 15
7	45	2,800	2,650	— 5,3
15	30	1,500	1,476	— 1,6
15	45	1,500	1,641	+ 9,4
30	45	1,000	1,112	+ 11,2

2° A LA CHARGE DE 3/4 DE LIVRE.

ANGLES DE TIR comparés 2 à 2.		RAPPORTS DES PORTÉES P_m aux portées P_n.		Différence pour 100.
n	*m*	Expérience.	Calcul.	
1°	3°	1.442	1,435	— 0,5
1	7	3,045	2,245	— 26
1	15	5,128	3,625	— 29
1	30	8,012	5,350	— 33
1	45	8,333	5,950	— 29
3	7	2,111	1,564	— 26
3	15	3,555	2,526	— 29
3	30	5,555	3,729	— 33
3	45	5,778	4,147	— 28
7	15	1,684	1,615	— 4,1
7	30	2.632	2,381	— 9,6
7	45	2,737	2,650	— 3,2
15	30	1,562	1,476	— 5,6
15	45	1,625	1,641	+ 1,0
30	45	1,040	1,112	+ 6,9

3° A LA CHARGE DE 1 LIVRE 1/2.

ANGLES DE TIR comparés 2 à 2.		RAPPORTS DES PORTÉES P_m aux portées P_n.		Différence pour 100.
n	*m*	Expérience.	Calcul.	
1°	3°	1,667	1,435	— 15,1
1	7	2,598	2,245	— 13,6
1	15	4,167	3,625	— 13
1	45	5,833	5,950	+ 2
3	7	1,559	1,564	+ 0,3
3	15	2,500	2,526	+ 1,0
3	45	3,500	4,147	— 18,5
7	15	1,604	1,615	+ 0,6
7	45	2,245	4,650	+ 13,6
15	45	1,400	1,641	+ 3

Dans ces tableaux, l'accord de la théorie avec l'expérience ne commence à devenir un peu satisfaisant qu'à partir de l'angle de 15° pour la charge de une demi-livre, à partir de celui de 7° pour la charge de 3 quarts de livre, et à partir de l'angle de 2 à 3° pour la charge de 1 livre et demie. Cette grande influence de la charge tient peut-être au mode de chargement que l'on avait employé dans cette bouche à feu à chambre. Nous n'avons trouvé à cet égard aucun renseignement dans Scharnhorst.

Pour dernière application de la formule C, nous prendrons l'expérience qui fut faite à la Fère, en 1771, avec un canon de 24, en vue de servir à vérifier la théorie balistique de Bezout. Malheureusement il n'a été tiré que 4 coups sous chaque angle employé, ce qui est loin de suffire pour faire disparaître dans les moyennes les irrégularités inévitables du tir ; aussi la progression des accroissements de portées de 5° en 5° que l'on peut voir dans le résumé suivant d'une partie des résultats de cette expérience, est-elle des plus irrégulières. La charge employée était de 8 livres et demie.

PORTÉES EN TOISES D'UN CANON DE 24

TIRÉ SOUS LES ANGLES DE

5°	10°	15°.	20°	25°	30°	35°	40°	43°	45°
920,25	1231,75	1600,5	1726	1805	1923,75	1880,5	1951	2183,2	2057,6

Suit le tableau comparatif des rapports de ces portées 2 à 2, et des valeurs des mêmes rapports calculées d'après la formule C :

ANGLES DE TIR comparés 2 à 2.		RAPPORTS DES PORTÉES P_m aux portées P_n..		Différence pour 100.
n	*m*	Expérience.	Calcul.	
5°	10°	1,338	1,513	+ 13
5	15	1,739	1,959	+ 13
5	20	1,876	2,338	+ 25
5	25	1,961	2,649	+ 35
5	30	2,088	2,892	+ 39
5	35	2,043	3,068	+ 50
5	40	2,120	3,176	+ 50
5	43	2,372	3,208	+ 35
5	45	2,236	3,216	+ 44
10	15	1,299	1,295	— 0,3
10	20	1,401	1,545	+ 10
10	25	1,465	1,750	+ 20
10	30	1,561	1,911	+ 22
10	35	1,527	2,027	+ 33
10	40	1,584	2,098	+ 33
10	43	1,772	2,120	+ 20
10	45	1,670	2,125	+ 27
15	20	1,078	1,193	+ 11
15	25	1,128	1,352	+ 20
15	30	1,202	1,476	+ 23
15	35	1,175	1,566	+ 33
15	40	1,219	1,621	+ 33
15	43	1,364	1,637	+ 20
15	45	1,285	1,641	+ 28

ANGLES DE TIR comparés 2 à 2.		RAPPORTS DES PORTÉES P_m aux portées P_n.		Différence pour 100.
n.	*m*	Expérience.	Calcul.	
20°	25°	1,046	1,133	+ 8
20	30	1,114	1,237	+ 11
20	35	1,090	1,312	+ 20
20	40	1,180	1,358	+ 20
20	43	1,265	1,372	+ 9
20	45	1,192	1,376	+ 15
25	30	1,066	1,092	+ 2,4
25	35	1,042	1,158	+ 11
25	40	1,081	1,199	+ 11
25	43	1,210	1,211	+ 0,1
25	45	1,140	1,214	+ 6,5
30	35	0,977	1,061	+ 8,6
30	40	1,014	1,098	+ 8,3
30	43	1,135	1,109	— 2,3
30	45	1,070	1,112	+ 4
35	40	1,037	1,035	— 0,2
35	43	1,161	1,046	— 10
35	45	1,147	1,049	— 8,5
40	43	1,119	1,010	— 9,7
40	45	1,055	1,013	— 4
43	45	0,943	1,003	+ 6,4

Dans ce tableau, l'accord de la théorie avec l'expérience ne commence à devenir un peu satisfaisant qu'à partir de l'angle de 20°.

La méthode de Galée, qui, ainsi que nous l'avons dit en commençant, est développée dans la *balistique* du père Mersenne, et a été aussi reproduite par Blondel, dans son *Art de jeter les bombes*, a beaucoup d'analogie avec la précédente; mais elle est, ou du moins paraît plus savante. Car, d'une part, la loi de la progression des portées y est fondée sur un certain raffinement de considérations mathématiques; et de l'autre, l'on y a égard, jusqu'à un certain point, à l'influence du calibre, ou de la masse du projectile sur les résultats.

Pour abréger, nous nous bornerons à la présenter en termes généraux, et sans rapporter la table des portées du canon de batterie, qui nous a servi à bien saisir la loi de la progression, loi assez mal exprimée dans le texte. Soit donc comme précédemment P_m la portée de première chute répondant à l'angle de tir m, et par conséquent P_{45} et P_0 les portées sous les angles de 45° et de 0°.

Galée supposait que, pour les plus gros calibres, on avait, à très-peu près, $P_{45}=6P_0$ ou $P_0=\frac{1}{6}P_{45}$, et que, pour les plus petits, on avait sensiblement $P_{45}=5P_0$ ou $P_0=\frac{1}{5}P_{45}$. Pour les calibres intermédiaires, c'étaient naturellement des rapports intermédiaires. Dans tous les cas, lorsqu'on s'était procuré par l'expérience l'une des deux portées extrêmes, on en déduisait l'autre par le calcul. Pour avoir ensuite toutes les portées intermédiaires entre 0° et 45°, voici comment on opérait. On faisait la différence $P_{45}-P_0$, ce qui, pour les gros calibres (par exemple), donnait $\frac{5}{6}P_{45}$, ou $5P_0$ selon que l'on partait de P_{45} ou de P_0. On divisait cette différence par le nombre 1035 égal à la somme des nombres naturels depuis 1 jusqu'à 45, et le quotient Q servait à former la progression décroissante des portées en partant de celle de 45°, en la retranchant autant de fois de la portée immédiatement supérieure à celle que l'on considérait, comme l'indiquait le rang de cette dernière, au-dessous de 45. Ainsi l'on avait :

$$P_{44} = P_{45} - Q$$
$$P_{43} = P_{44} - 2Q = P_{45} - Q(1+2)$$
$$P_{42} = P_{43} - 3Q = P_{45} - Q(1+2+3)$$
$$P_m = P_{m+1} - (45-m)Q = P_{45}[1 - Q(1+2+3 - (45-m))]$$
$$\text{ou } P_m = P_{45}\left[1 - \frac{Q}{2}(45-m)(46-m)\right]$$

Et finalement, dans l'hypothèse $P_{45} = 6P_0$,

$$P_m = \frac{P_{45}}{2484}\left[2484 - (45-m)(46-m)\right]$$

On pouvait aussi partir de P_0; alors on obtenait P_1 en ajoutant 45Q à P_0; P_2 en ajoutant 45Q à P_1 ou $(45+44)Q$ à P_0; P_3 en ajoutant 43Q à P_2 ou $(45+44+43)Q$ à P_0 et ainsi de suite; ce qui donnait généralement, toute réduction faite, et toujours dans l'hypothèse de $P_{45} = 6P_0$:

$$P_m = \frac{P_0}{414}\left[414 + (91-m)m\right]$$

expression qui ne diffère de la précédente que par la forme (m étant dans l'une et l'autre comptée à partir de 0°).

Chacune de ces deux formules conduit à une expression différente dans la forme, mais la même au fond, pour le rapport de deux portées quelconques, P_m et P_n en fonction des angles *m* et *n*. La première donne

$$P_m = \frac{2484-(46-m)(45-m)}{2484-(46-n)(45-n)}$$

La seconde

$$\frac{P_m}{P_n} = \frac{414+(91-m)m}{414+(91-n)n}$$

Si, au lieu de poser $P_{45} = 6P_0$, on avait posé $P_{45} = 5P_0$ pour arriver à la relation propre aux plus petits calibres, on aurait trouvé en procédant du reste d'une manière tout à fait semblable :
en partant de 45°,

$$P_m = \frac{P_{45}}{5175}\left[5175-2(46-m)(45-m)\right]$$

et en partant de 0°,

$$P_m = \frac{P_0}{1035}\left[1035+2m(91-m)\right]$$

d'où l'on aurait déduit pour le rapport de deux portées quelconques en fonction des angles correspondants

$$\frac{P_m}{P_n} = \frac{5175-2(46-m)(45-m)}{5175-2(46-n)(45-n)}$$

ou bien

$$\frac{P_m}{P_n}=\frac{1035+2m(91-m)}{1035+2n(91-n)}$$

Il est d'ailleurs évident que, de l'une quelconque des expressions de P_m, on déduirait par la résolution d'une équation du second degré la valeur de l'angle m qui donne la portée P_m. Nous ne nous arrêterons pas davantage sur ces détails.

Quant à la comparaison avec l'expérience des formules déduites de la théorie de Galée, nous ne l'entreprendrons pas non plus, parce que cela nous mènerait trop loin. Nous ferons seulement remarquer que celles qui se rapportent aux gros calibres donnent généralement pour le rapport $\frac{P_m}{P_n}$ des nombres moindres que ceux que fournit la formule C tirée de la règle d'Ufano. Ainsi pour tous les cas où cette dernière nous a donné des rapports au-dessous de ceux déduits de l'expérience, la règle de Galée en donnerait de plus petits encore ou s'écarterait davantage de la vérité. Dans le cas au contraire où les écarts de la règle d'Ufano seraient positifs, il pourrait arriver ou que la règle de Galée donnât des écarts positifs moindres, ou qu'elle donnât des résultats négatifs, soit moindres, soit plus grands que les écarts positifs de la règle d'Ufano. A l'égard des formules déduites de la règle de Galée pour les petits calibres, les rapports $\frac{P_m}{P_n}$ qu'elles fournissent sont encore moindres que celles que fournissent les formules relatives aux gros calibres.

TABLE ANALYTIQUE

DES MATIÈRES

DISPOSÉE SELON L'ORDRE D'EXPOSITION.

LIVRE SECOND.

RECHERCHES ET INVENTIONS DIVERSES (1546).

(Les trois premiers livres seulement.)

LIVRE PREMIER

CONCERNANT LE TIR ET LES EFFETS DES PIÈCES D'ARTILLERIE SOUS TOUS LES ANGLES D'ÉLÉVATION ET POUR TOUTES LES DISPOSITIONS DES MIRES (LA VISIÈRE ET LE GUIDON), ET RENFERMANT EN OUTRE DIVERSES AUTRES QUESTIONS RELATIVES AUX PIÈCES.

LIVRE TROISIÈME

CONCERNANT LE SALPÊTRE, LES DIVERS DOSAGES DE LA POUDRE A TIRER, LES PROPRIÉTÉS OU FONCTIONS SPÉCIALES DE CHACUN DES TROIS ÉLÉMENTS DE CES DOSAGES, AINSI QUE D'AUTRES PARTICULARITÉS RELATIVES A LA POUDRE.

APPENDICE

FIN DE LA TABLE.

www.ingramcontent.com/pod-product-compliance
Ingram Content Group UK Ltd.
Pitfield, Milton Keynes, MK11 3LW, UK
UKHW021545260726
13993UKWH00002B/634